AF200218

Johann Friedrich

Systematische und kritische Darstellung der Psychologie

Jakob Frohschammers

Johann Friedrich

Systematische und kritische Darstellung der Psychologie Jakob Frohschammers

ISBN/EAN: 9783744620215

Hergestellt in Europa, USA, Kanada, Australien, Japan

Cover: Foto ©Thomas Meinert / pixelio.de

Weitere Bücher finden Sie auf **www.hansebooks.com**

Systematische und kritische Darstellung

der

Psychologie Jakob Frohschammers.

Inaugural-Dissertation

verfasst und zur

Erlangung der Doktorwürde

der ersten Sektion

der

Hohen philosophischen Fakultät der Universität Zürich

vorgelegt von

Johann Friedrich

aus Würzburg.

Verlagsdruckerei Würzburg.

1899.

Begutachtet von Herrn Prof. Dr. Ernst Meumann.

I. Einleitung.

§ 1. Jakob Frohschammer (1821 — 1893) ist der Philosoph der Weltphantasie. Unbefriedigt von den bis jetzt aufgestellten und verteidigten Grundprinzipien des Weltgeschehens, suchte er nach einem neuen Prinzipe, das frei wäre von den Einseitigkeiten und Schattenseiten seiner Vorgänger. Seiner Anschauung nach lässt die Annahme eines materiellen Prinzips die Entstehung des Geistigen schwer begreifen; ebenso könne umgekehrt nicht eingesehen werden, wie aus dem Geistigen das Materielle entstehen solle; die Einheit tauge nicht zur Erklärung der Vielheit und umgekehrt; Hegels Vernunft reiche nicht aus, um die Entstehung und den Fortbestand des Unvernünftigen im Dasein zu deuten; der blind wirkende Schopenhauer'sche Wille sei nicht geeignet, das Zweckmässige und Vernünftige des Lebens zur Einsicht zu bringen.[1] Es handelte sich für Frohschammer also darum, ›ein Grundprinzip des Weltdaseins und Weltgeschehens zu finden, aus dem die sinnlichen wie die geistigen Erscheinungen und Wirkungen in dieser Natur zugleich in einheitlicher Erklärung abgeleitet werden können, insbesondere die physisch-organischen wie die psychischen; ein Prinzip, das zugleich einheitlich ist und doch eine Vielheit und Mannigfaltigkeit von Bildungen, Produkten, Individuen zu setzen vermag in schöpferischer teleologisch-plastischer Wirksamkeit; ein Prinzip endlich, aus dem sowohl das Vernünftige, das Rationale und Ästhetische des Daseins, als auch das Unvernünftige, Irrationale und Unideale in der Erscheinung und Wirksamkeit hervorzugehen vermag.‹[2]

[1] Siehe bes. »Phantasie als Grundprinzip etc.«, S. 201 — 218.
[2] System d. Philos.; S. 12.

4

Um ein solches Prinzip zu finden, schlug Fr. einen psychologischen Weg ein. Er richtete seinen Blick auf die eigene
menschliche Natur, »ob unter den Anlagen und Kräften derselben
sich nicht eine finde, welche als individuelle Fähigkeit Ähnliches
zu leisten vermag und nach deren Bild ,und Gleichnis das allgemein bildende und schöpferische Weltprinzip sich auffassen und
vorstellig machen lässt. Und in der That findet sich eine solche
Potenz oder Fähigkeit in der Menschennatur und zwar zunächst
in der psychischen, bei näherer Untersuchung aber auch in der
physischen.«[1]) Als diese subjektive Seelenfähigkeit, die Geistiges
versinnlicht und Sinnliches vergeistigt, die gleich produktiv und
reproduktiv thätig ist, die ebensogut rational und ideal wirkt als
auch das Unvollkommene und Unideale hervorbringt, bezeichnet
Fr. die Phantasie oder Einbildungskraft.

Von dieser so vor allen übrigen Seelenkräften ausgezeich-
neten Phantasie angezogen, kommt Fr. durch einen Analogieschluss
zu dem Prinzipe der Weltphantasie. Wie die subjektive
Phantasie die primäre Kraft unseres Wesens sein soll, denn sie
lasse sich weder aus der unorganischen Natur noch aus den
übrigen Seelenthätigkeiten ableiten und weiche auch in ihrem Verhalten von den physikalischen Kräften ab,[2]) so soll die objektive
oder Weltphantasie das Organisationsprinzip des Weltalls sein.
Bei näherer Betrachtung des ganzen Naturprozesses aber wird
nun bei Fr. aus dem analogen Verhältnis ein genetisches (und
substantielles) Entwicklungs- und Kausalverhältnis.[3]) Als objektive
Phantasie wirkt das Prinzip in der anorganischen und organischen
Natur als äussere Gestaltungsmacht und Generationspotenz. Sie
ist der Welt immanent, sie trägt die Fülle der Formen ideal in
sich und verwirklicht sie mit Hilfe der Naturgesetze. Sie fasst
stets eine Dreiheit von Momenten in sich: 1. Das Stoffliche, aus
dem gebildet wird, 2. die Kraft, welche bildet, und 3. die Norm,
nach welcher gebildet wird. Ihr Werdeprozess ist ein auf-
steigender, indem er sich gleichsam von der Peripherie (Minera-

---

[1]) System etc.; S. 12, 13. — [2]) Phantasie etc.; S. 158 — 167. —
[3]) System; S. 13.

lien, Pflanzen, Tiere) zum Zentrum (dem Menschen) vollzieht. Im Menschengeiste erreicht sie ihre höchste Individualisierung und Entwicklung, in der menschlichen Seele wird sie sich selbst inne. Diese Stufe der Phantasie nennt nun Fr. die subjektive Phantasie. Hiermit ist jedoch die Thätigkeit der Weltphantasie noch nicht abgeschlossen; ihr Einfluss ist im theoretischen und praktischen Leben der Menschheit deutlich zu erkennen.[1])

Aus dieser kurzen Darstellung der Fr.'schen Metaphysik lässt sich die Vermutung ableiten, dass die Psychologie für sie eine besonders grosse Bedeutung haben müsse. Denn die Phantasie ist ja zunächst eine psychische Funktion, und so gut wie man dem Schopenhauer'schen Willen gegenüber die Frage nach seinem Verhältnis zu dem in unserm Bewusstsein gegebenen Willensvorgang erheben kann, ebensosehr wird sich das Prinzip Fr.s vor dem Forum der Psychologie zu rechtfertigen haben. Darum haben wir den Versuch unternommen, die psychologischen Anschauungen von Fr. eingehend — systematisch und kritisch — darzustellen und schliesslich deren Verhältnis zu den metaphysischen in einer kurzen Erörterung zu prüfen.

§ 2. Nach dieser Skizzierung unserer Aufgabe müssen wir uns zuerst nach der Stelle umschauen, welche die Psychologie im Systeme der Weltphantasie einnimmt. Folgendes Schema wird dies zeigen:

Weltphantasie:[2])

I. Allgemeiner Teil.	II. Spezieller Teil.
(Prinzipien- und Erkenntnis-lehre.)	1. Naturphilosophie, 2. Philosophische Anthropologie, 3. Völkerphysiologie, 4. Sprachwissenschaft, 5. Religionsphilosophie, 6. Ethik, 7. Rechtsphilosophie, 8. Pädagogik, 9. Ästhetik.

[1]) Ausser den Schriften Fr.s vergleiche: B. Münz, Jak. Frohschammer; 1895; und meine Schrift: J. Fr. Ein Pädagoge etc.; 1896.

[2]) System d. Philos.; S. 31.

Diese Systematisierung zeigt, dass die Psychologie nur insofern in betracht kommt, als sie ein Teil der philosophischen Anthropologie ist. Im Mittelalter und auch noch zu Anfang unseres Jahrhunderts (z. B. G. E. Schulze) war ein solches Verfahren üblich; aber jetzt ist die Psychologie eine selbständige Wissenschaft geworden. Auch bringt die Unterordnung unter einen Gedanken (»Philosophieren aus einem Stück«, wie F. E. Beneke sagt) mannigfache Bedenken mit sich und entzieht leicht dem wissenschaftlichen Lehrgebäude das sicherste Fundament: die Erfahrung.

§ 3. Die Quellen, aus denen wir die psychologischen Lehren Fr.s schöpfen, sind dessen folgende Werke:

1. Über den Ursprung der menschlichen Seelen. Rechtfertigung des Generatianismus. 1854. (U.)

2. Die Phantasie als Grundprinzip des Weltprozesses. 1877. (Ph.)

3. Über die Organisation und Kultur der menschlichen Gesellschaft. Philosophische Untersuchungen über Recht und Staat, soziales Leben und Erziehung. 1885. (O.)

4. System der Philosophie im Umriss. Philosophie als Idealwissenschaft und System. 1892. (S.)

5. Ein Manuskript Fr.s zu seinen Vorlesungen über Psychologie; es ist aphoristisch gehalten und umfasst nur 36 Folioseiten. (Ms.)

Auf einige andere Werke wird an geeigneter Stelle besonders hingewiesen werden. (NB. Die eingeklammerten Buchstaben bezeichnen die Merke, unter welchen die Quellen zitiert werden.)

§ 4. Für jede Wissenschaft ist eine klare und scharfe Bestimmung ihres Gegenstandes von grösster Bedeutung, denn dadurch wird sie von andern verwandten Disziplinen gesondert und ein Hinübergreifen in fremde Gebiete vermieden. Ferner ist der Fortschritt innerhalb einer Wissenschaft oft schon bedingt durch eine exakte Definition derselben. Aus diesen Gründen ist man in der Gegenwart bestrebt, eine möglichst einwandfreie Definition der Psychologie zu geben.

Eine strikte, eindeutige und scharfe Definition der Psychologie sucht man bei Fr. vergebens. Sein System zeigt überhaupt in dieser Hinsicht viele Schwächen; seine Begriffe sind oft zu unbestimmt. Fr. spricht gewöhnlich von einer »anthropologischen Psychologie.« Diese hat »die Erforschung des geistigen Wesens« des Menschen zur Aufgabe und bildet einen Teil der Geistesphilosophie, nicht der Naturphilosophie. Die anthropologische Psychologie steht somit im Gegensatze zur Naturwissenschaft und Naturphilosophie.[1]) Während sich die beiden Letzten mit der Materie, dem Unbewussten (das Tier mit eingeschlossen), dem Objektiven befassen, behandelt erstere den Menschengeist, das Bewusste, das Subjektive. Mit dieser seiner Definition steckt Fr. noch tief in den Aristotelischen und scholastischen Formeln, an deren Stelle die Gegenwart eine bessere und genauere Begriffsbestimmung gesetzt hat.[2])

Gleich allen andern Psychologen trennt auch Fr. die individuelle Psychologie von der Völkerpsychologie. Auf diese geht Fr. jedoch nicht näher ein.

Die Wichtigkeit der Psychologie verkennt Fr. durchaus nicht. So sagt er: »Auch wissen wir, dass psychologische Forschungen weniger dankbar sind als z. B. naturwissenschaftliche,[3]) weil die Resultate weniger auffallend und darum auch weniger befriedigend sind und sein können als bei jenen, und ebenso nicht von unmittelbar praktischer Wichtigkeit für das Leben zu sein scheinen; freilich nur scheinen, denn in der That wäre eine

---

[1]) Ph. 337, 338.

[2]) Wenn Fr. in seinem Ms. sagt: »Psychologie ist die wissenschaftliche Erkenntnis und Darstellung der Thätigkeiten, der Kräfte und des Wesens der Seele«, so gibt er hiermit auch nichts Neues und Schärferes, denn »Seele« ist ein zu unbestimmter Begriff.

[3]) Geschrieben in einer Zeit, in welcher die Psychologie noch nicht so im Brennpunkte des Interesses stand wie heute.

genaue, vollständige, möglichst exakte psychologische Erkenntnis von der durchgreifendsten praktischen Wichtigkeit für das menschliche Dasein in sozialer, ethischer und religiöser Beziehung, wäre massgebend für politische, pädagogische und seelsorgliche Wirksamkeit.«[1])

§ 5. Vier Quellen der Psychologie macht Fr. namhaft[2]): 1. Die Selbstbeobachtung; diese bringt aber grosse Schwierigkeiten mit sich. 2. Die Beobachtung anderer, seien es nun Einzelne oder Viele, Gesunde oder Kranke. 3. Studium von psychologischen Werken und 4. Vergleichung psychischer Erscheinungen (vergleichende Psychologie). Eine Kritik dieser an Leistungsfähigkeit so heterogenen Quellen hätte nichts geschadet, denn man kann das Studium psychologischer Schriften doch nicht der Beobachtung anderer an Wert und Bedeutung gleichsetzen. Auch ein Hinweis auf das Experiment — Fr. kannte ja die einschlägigen Werke, z. B. jene Wundt's — wird vermisst.

Über die Methode der Psychologie erfahren wir in Fr.s Schriften sehr wenig. Nur gelegentlich bezeichnet er die Psychologie als eine »empirische und rationale« Wissenschaft.[3]) Im Ms. äussert er sich etwas ausführlicher. Er verwirft hier sowohl die blosse Deduktion und Spekulation, welche von allgemeinen Prinzipien und Sätzen ausgeht, als auch die reine Induktion,[4]) die vom Einzelnen zum Gesetz aufschreitet. In der Verbindung beider erblickt er die ideale Methode. Für die Methode der Darstellung des Seelenlebens findet er am besten geeignet ein genetisches Verfahren, wobei vom ersten Beginn der Entwicklung und den unvollkommensten elementarischen Wirkungen auszugehen und zum Höheren fortzuschreiten ist.

---

[1]) Athenäum, II. Bd. S. 98. — [2]) Ms. — [3]) S. 191.

[4]) In einem Aufsatze aus dem Jahre 1863 reklamierte Fr. die Induktion für die Psychologie, indem er sagte: »Die Methode ist natürlich die Induktion, die nicht von vorgefassten Ansichten und allgemeinen Bestimmungen ausgeht, sondern von den klaren, unbestreitbaren Thatsachen des psychischen Lebens und Wirkens.« (Athen. II. Bd., S. 99.) Diese Wandlung ist sehr zu bedauern.

So huldigt Fr. einer eigentümlichen Kombination von empirischer und rationaler Psychologie, in der jedoch der Rationalismus den grösseren Raum einnimmt. Denn Fr. geht von einem als giltig angesehenen Prinzipe aus und sucht mit dessen Hilfe die gesamte Erscheinungswelt zu begreifen. Dass bei einem solchen Verfahren den Thatsachen oft Gewalt angethan werden muss, wird sich im Verlaufe der Darstellung öfters zeigen.

Fr. setzt überhaupt der Wissenschaft die Aufgabe, »so viel als möglich zu erklären.« [1]) Dies kann man zugeben. Doch darf das Erklären nicht zu frühe beginnen; erst müssen Thatsachen gefunden, gesammelt und gesichtet werden. Gegen die empirische Psychologie hat Fr. insoferne grosse Bedenken, als ihr das einigende und umschliessende Band für die verschiedenen Seelenthätigkeiten fehlt. Fr. scheint hierbei übersehen zu haben, dass eben über die Natur dieses Bandes unter den Philosophen und Psychologen schon so viele Streitigkeiten entbrannten, ohne dass die Aufgabe gelöst wurde.

Gegen die experimentelle Methode der neuesten Zeit hat Fr. ein unberechtigtes Misstrauen. Er meint, dass mit Zählen Messen und Rechnen allein kaum je sehr viel und Entscheidendes für Erkenntnis des Geistes selbst zu gewinnen sein wird.[2]) Nun, die Erfolge der experimentellen Psychologie zeigen doch ein besseres Bild! Gerade der Anwendung des Experimentes auf die verschiedensten psychischen Erscheinungen ist der vielfach neue und so reiche Inhalt der modernen Psychologie zuzuschreiben. Wenn Fr. bei seinem Bedenken den Nachdruck auf das Wörtchen »allein« legte, dann wäre er mehr im Recht; aber welcher Psychologe würde nur zu dem einen Zwecke experimentieren: Zahlen zu erhalten? Ein solches geistloses Verfahren wäre gewiss tadelnswert, denn es würde nicht nur der weiten, grossen Gesichtspunkte entbehren, sondern auch mehr quantitative Verhältnisse des Bewusstseins erschliessen als qualitative.[3])

---

[1]) S. 161. — [2]) Ph. 378.
[3]) Vergl. auch die treffende Bemerkung bei Ebbinghaus, Psychologie, 1· Band, S. 88.

Es ist eine in der Geschichte der Philosophie leider noch nicht gewürdigte Thatsache,[1] dass Fr. in dem Kampfe gegen den Materialismus, der in der Mitte dieses Jahrhunderts seine stärksten Vorstösse machte, eine nicht geringe Rolle spielte. Er war dadurch gezwungen, zur Physiologie, auf welche die Materialisten die Psychologie reduziren zu können glaubten, Stellung zu nehmen. Er verurteilt es mit Recht als eine Anmassung, als eine Überhebung, als eine unbefugte Gebietsüberschreitung, wenn die Physiologie meint, alles Psychische mit ihren Hilfsmitteln erklären zu können. »Die Thatsachen, mit denen es die Physiologie zu thun hat, reichen durchaus nicht hin, um ein Urteil über die ganze Menschennatur, über ihre leiblichen und geistigen Thätigkeiten zu fällen. Aus der Betrachtung des Gehirns, seiner Struktur und seiner Thätigkeiten wird man nie wahrhaft erfahren, was denn die Menschenseele sei; denn es handelt sich hier nicht bloss um das Thätigsein, um diese oder jene Funktion, sondern auch um den Inhalt derselben. Selbst dann wird die Physiologie für sich allein darüber keinen Aufschluss geben können, wenn sie einmal das Gehirn ebenso genau wird erforscht haben als sie bis jetzt dasselbe noch nicht kennt.[2] Es wird hier allem Anschein nach der Physiologie mit dem unendlich Kleinen gehen, wie der Astronomie mit dem unendlich Grossen. Hinter dem gelösten Rätsel taucht immer wieder ein neues hervor. Wie die Astronomie, trotz ihrer grossen Entdeckungen und Fortschritte, trotz ihres Vordringens in unermessliche Räume, doch nicht sagen kann, was die Welt ist, wie das Weltall entstanden und welchem Ziele es entgegengehe, und über Gott und Welt darum nichts Entscheidendes sagen kann: so wird auch die Physiologie, wenn sie die physische Natur des Menschen und namentlich das Gehirn noch so genau erforscht, doch an kein Ziel und Ende kommen, . wird — auf sich allein beschränkt — nicht bestimmt sagen und entscheiden können, woher der Mensch und was er sei, und was

[1] z. B. bei Höffding, Falckenberg, Erdmann, Lange u. a. m.
[2] Geschrieben im Jahre 1855.

seine Seele sei und wozu bestimmt.«[1]) Man sieht, dass Fr. immer das Hauptgewicht legt auf die rationale Psychologie. Die Vorteile, welche die Physiologie der empirischen Psychologie und besonders dem Grenzgebiete, der Psychophysik, bietet, übersah er. Dagegen hebt Fr. mit Recht hervor, dass die Theologie für die psychologische Forschung nichts zu leisten vermag.[2]) Aber er bestreitet nicht, dass die Psychologie durch vergleichende Betrachtung der Naturerscheinungen, insbesonders im Tierreiche, vielfache Förderung finden kann.[3])

§ 6. In der Einteilung des Stoffes treten bei Fr. neue Gesichtspunkte nicht hervor. Er stand noch zu sehr in den Banden einer scholastischen Psychologie, als dass er hierin andere Wege gegangen wäre. Im grossen und ganzen hält er sich an folgende fünf Hauptpunkte: 1. Wesen des Geistes, 2. Verhältnis von Leib und Seele, 3. Bewusstsein und Selbstbewusstsein, 4. Einheit des Geistes bei drei Seelenvermögen: Gemüt, Erkenntnis und Wille. 5. Traum und Geistesstörung.[4]) So beginnt Fr. nach Art der Spekulation mit den schwierigsten und weittragendsten Fragen, statt es zu machen wie die empirischen Wissenschaften, die bei den Elementen einsetzen und in langsamer und mühevoller Arbeit zu dem Zusammengesetzten aufsteigen -- eine Methode, welche auch in der modernen Psychologie zu recht erspriesslichen Leistungen geführt hat.

---

[1]) Menschenseele u. Physiologie; S. 32, 33. -- [2]) Athen. II. Bd. S. 97. -- [3]) Ebenda, S. 100.

[4]) Siehe Ph. — Im Ms. ist die Einteilung etwas anders: 1. Dasein und primitive Wirksamkeit; 2. der menschliche Geist als Lebensprinzip und Seele; 3. bewusstes Geistesleben nach Gemüt, Erkenntnis und Wille; 4. unbewusstes Geistesleben; 5. Wesen der Seele: 6. Ursprung und 7. Fortdauer der Seele. Die beiden letzten Punkte rechnen wir nicht mehr zur eigentlichen Psychologie.

II. Darstellung der Psychologie.

1. Wesen der Seele.

§ 7. Gleich Aristoteles unterscheidet auch Fr. in der Entwicklung des Geistes (der Seele) drei Stufen: Pflanzen-, Tier- und Menschenseele. In den beiden ersten wirkt die Phantasie noch in objektiver Weise, während sie sich in der menschlichen Seele dadurch zur subjektiven Phantasie steigert, dass sie sich selbst bewusst wird.

Eine Individualisierung tritt jedoch schon einigermassen auch bei den Pflanzen hervor, indem diese ja äusserlich für sich seiende Bildungen sind; der Stoff ist der pflanzlichen Seele nur ein Mittel zur Realisierung einer Norm. Stärker individualisiert zeigt sich das schöpferische Prinzip in den Tieren, denn diese bergen in sich eine lebendigere und selbständigere Seele. Je nach der niederen oder höheren Stufe, welche das Tier in der Intelligenz-reihe einnimmt, geht auch dessen Seele mehr oder weniger im leiblichen Organismus auf.[1]

Dass der Mensch eine Seele habe, ist für Fr. eine unumstössliche Wahrheit. Zur Prüfung der Thatsachen, die vielleicht gegen die unsterbliche, substantielle Seele sprächen, verlangt er einen freien, offenen Sinn und ein unbefangenes Betrachten des geistigen Lebens der Menschheit.[2] Die Physiologie hat noch nichts gefunden, das gegen die Annahme eines Seelenwesens ins Feld geführt werden könnte. Die Lehre des Materialismus, dass die geistigen Vorgänge nur Funktionen und Begleiterscheinungen der Materie seien, ist ein grösserer Glaubenssatz als die Lehre vom Seelenwesen.[3]

Die Menschenseele ist kein in sich abgeschlossenes, hartes Atom;[4] sie ist nicht stofflich und bildet keinen Komplex von materiellen Atomen oder physikalischen Kräften; sie darf auch nicht als eine bloss physikalische, gleichsam einfache und einfach wirkende Kraft aufgefasst werden;[5] sie ist nicht regungs- und

---

[1] S. 166. — [2] Ms. 8. — [3] Ms. 12. — [4] U. 69. — [5] Ph. 351, 352.

bewegungslos wie ein Stein, nicht leer und tot wie ein Schatten; [1]) sie gleicht auch nicht einer tabula rasa, schon deshalb nicht, weil sie die Sinne teleologisch gebildet hat, wenn auch unbewusst.[2]) Die menschliche Seele muss vielmehr betrachtet werden als ein Formprinzip, als eine konkrete synthetische Potenz mit reicher innerer Fülle. Sie ist innerlich der Kraft und Norm (Idee) nach das, was der Organismus äusserlich ist und offenbart. Mit dem Keime oder Samen eines Organismus kann sie verglichen werden.[3]) Es ist unrecht, den Begriff der Persönlichkeit an der geistigen Natur des Menschen zu unnahbarer Härte und Regungslosigkeit zu steigern und dabei die innere Kraft und Gestaltungsfähigkeit und die unendliche Tiefe ausser acht zu lassen.[4]) Einen eigentümlichen Ausbau erfährt Fr.s Seelenbegriff noch dadurch, dass er die reine Geistigkeit der Seele bestreitet; denn sie sei nicht blosses Denken, sondern etwas, das denkt, fühlt, will, wirkt.[5])

Fr. gibt selbst zu, dass seine Auffassung des Seelenwesens sich sowohl der Aristotelischen und scholastischen Definition nähert, als auch mit der Leibniz'schen Monadenlehre verwandt ist. Gegen die Herbart'sche Bestimmung der Seele macht er geltend, dass diese ein Verstehen und Erklären des Geschehens unmöglich mache.[6])

Ein spezielles Organ der Seele, einen einfachen Seelensitz, wie ihn z. B. Descartes aufstellte, nahm Fr. nicht an, ja, konnte er in Gemässheit seiner Definition gar nicht annehmen.

§ 8. Die Pflanzenseele wirkt nur objektiv und plastisch: geistiger Funktionen, wie Erkennen, Fühlen und Wollen, ist sie nicht fähig. Der Übergang von den Pflanzen zu den Tieren ist kein schroffer und scharf abgegrenzter.[7]) Gewisse Zustände der Pflanzen, wie Reizbarkeit und Empfindungsfähigkeit, können nur in Analogie aufgefasst werden. Alles, was die Pflanzen psychisch vorzunehmen scheinen, geht immer aus ihrer Organisation physisch, als der entsprechenden causa efficiens, niemals psychisch aus Vorstellungen als Zweckursachen (causa finalis) hervor.[8])

[1]) U. 69. — [2]) Ms. 16. — [3]) Ph. 353. — [4]) U. 69. — [5]) Ph. 355. 356. — [6]) Ph. 352, 354. — [7]) Ph. 273. — [8]) S. 133.

§ 9. Von den Pflanzen unterscheiden sich die T i e r e durch drei Eigenschaften: 1. Empfindungsfähigkeit, 2. Selbstbewegung und 3. Sinnesthätigkeit und Wahrnehmung.[1]) Neben diesen drei Funktionen haben die Tiere noch den Grund ihres Seins (die Weltphantasie) mit der Menschennatur gemeinsam.[2]) Menschen- und Tierseelen sind sich also formell bis zu einem gewissen Grade ähnlich.[3]) Doch bemerkt Fr. ganz richtig, dass wir Menschen- und Tierseelen nicht unmittelbar betrachten und vergleichen können, sondern nur mittelbar durch Rückschlüsse von ihren Bethätigungen und Offenbarungen aus.[4]) Ausser den Trieben, Instinkten und dem Ahnungsvermögen, welche allen Tieren eigen sind — auch letzteres? — finden sich bei den höheren Tieren unzweifelhaft eine individuell ausgebildete Intelligenz, Gedächtnis, Erinnerung: ferner kommt ihnen eine gewisse Urteilskraft in unvollkommener Abstraktion, Wollen und Affekte zu.[5]) Zweifelhaft bleibt es jedoch, ob ihnen auch ein idealer Sinn (ästhetische Gefühle) zuzusprechen sei.[6])

Menschliche und tierische Seele sind auch wieder vielfach verschieden. Während die Menschenseele eine geistige[7]) Substanz ist, harmonisch der allgemeinen Natur eingefügt ist und den eigentlichen Zweck des Werdens bildet, gehört die Tierseele, als eine irdische Seele, zur Erde selbst. Über diese hinaus hat sie keine Bestimmung. Trotzdem steht die Seele des Tieres jener des Menschen dadurch so nahe, dass sie ein gewisses Moment der Selbständigkeit über den Stoff in sich birgt.[8]) Versagt sind dem Tiere die sogen. höheren Geisteskräfte, wie Abstraktion in Begriffen, Urteilen und Schlüssen. Die Denkunfähigkeit des Tieres hat den Mangel an Sprache zur Folge. Weiterhin ist dem Tiere verschlossen das ganze weite Gebiet des Idealen (der Kunst), des Moralischen und der Religion, denn die Vernunft fehlt ihm.[9]) Ein eigentliches Selbstbewusstsein hat das Tier nicht, wohl aber ein Daseinsgefühl, das man als ein peripherisches Selbstgefühl zu betrachten hat.[10])

---

1) S. 133. — 2. Pb. 356. — 3) Christentum und Naturwissenschaft; 182. — 4) Chr. u. N. 162. — 5) S. 142. — 6) S. 146. — 7 Hier hat ·geistig· eine umfassendere Bedeutung als pag. 13. — 8) Chr. u. N. 184. — 9) Ph. 357—359. — 10) Chr. u. N. 167.

Dadurch, dass die Tierseele fest in das Weltganze, in die allgemeine Naturordnung und das gesetzliche Weltgeschehen eingefügt ist, mangelt ihr auch die freie Individualität, wie solche dem Menschen zukommt.[1] Trotzdem will Fr. das Tier nicht als eine komplizierte Maschine aufgefasst wissen, wie es z. B. Descartes that, denn sein reiches seelisches Leben weise psychische Regungen und Thätigkeiten mannigfaltigster Art auf.[2]

Weil sich Fr. bemüht, aufzudecken, wie sich die Weltphantasie von den unvollkommensten Organismen an bis hinauf zum Menschen immer mehr und reicher entwickelt, ausgestaltet und differenziiert, deshalb ist sein Standpunkt ein ganz modemer. Während es im Sinne seines Systems liegt, der ganzen Entwicklungsreihe entlang nur graduelle Unterschiede anzunehmen, ist er auf der andern Seite wieder ängstlich bemüht, die Kluft zwischen Tier- und Menschenseele durch die Behauptung einer substantiellen Verschiedenheit zu erweitern. Diese Halbheit und Inkonsequenz mag neben einer mangelnden Empirie die Schuld an dem ziemlich dürftigen Inhalte seiner Tierpsychologie tragen.[3]

§ 10. Der Versuch Fr.s, sich auf den Standpunkt des durchgängigen gesetzmässigen Waltens in der gesamten Natur zu stellen, führt ihn zur Verneinung einer Erschaffung des Menschen und seiner Seele von einem Schöpfer, von Gott.[4] Die geistige Natur des Menschen wurde nicht direkt erschaffen, konnte nach den Gesetzen des Daseins auch gar nicht direkt erschaffen werden; sie entspross vielmehr in letzter Linie aus dem Entwicklungsprozesse der Weltphantasie.[5]

Mit dieser Leugnung der direkten Erschaffung der ersten menschlichen Seele geht Hand in Hand seine Lehre von der

---

1) Chr. u. N., 178. — 2) Ebenda, 161.

3) Vergl. zu diesem Paragr. Wundt's »Vorlesungen über die Menschen- und Tierseele«; 3. Aufl.

4) In seiner Schrift »Ursprung der menschlichen Seelen« (1854), durch welche Fr. zum erstenmale mit der römischen Kurie in Konflikt geriet, hält er noch an der Erschaffung des ersten Menschen fest.

5) Ph. 349.

Entstehung der späteren einzelnen Seelen. In dieser Hinsicht sind drei Ansichten möglich: Präexistentianismus, Creatianismus und Generatianismus.

Der besonders von Plato vertretene Präexistentianismus nimmt an, dass die menschlichen Seelen schon vor diesem Erdenleben existiert haben und dass ihre Verbindung mit den Leibern gleichsam eine Verbannung, eine Strafe sei. Da diese Ansicht jedoch völlig unhaltbar ist, hat sie jede Bedeutung eingebüsst und muss als eine Abenteuerlichkeit erscheinen, die kaum einer ernsten Erwägung wert ist.[1])

Als mögliche Ansichten bleiben deshalb nur übrig der Creatianismus und der Generatianismus.

Ersterer lehrt, dass nur der Leib des Menschen durch Zeugung von den Eltern stamme, der Geist (die Seele) dagegen für jeden einzelnen Menschen unmittelbar von Gott erschaffen werde. Dadurch, dass Fr. den von der kath. Kirche sanktionierten Creatianismus bekämpfte, kam er zum erstenmale mit der kirchlichen Zensur in Konflikt.

Wenn sich die Vertreter des Creatianismus in ihrer Beweisführung besonders auf die Bibel berufen, so weist Fr. an den einschlägigen Schriftstellen nach, dass er in der Bibel nicht nur keine tiefe und feste Begründung findet, sondern sogar froh sein muss, wenn es ihm gelingt, nicht in ganz offenbarer Disharmonie mit ihr zu erscheinen.[2]) Während der Creatianismus so vom religiösen Standpunkte aus abzuweisen ist, steht er auch mit der gesamten Schöpfung in grossem Widerspruch. Weiterhin spricht der organische Zusammenhang des Menschengeschlechtes gegen den Creatianismus.[3])

---

[1]) U. 17. — »Was aber Kant und Schelling von einer vorzeitlichen, intelligiblen That des Menschengeistes sagen, um den moralischen Hang zum Bösen zu erklären, das hat mit dem alten Präexistentianismus nichts gemein, denn sie reden nicht von einer wirklichen, dauernden Existenz in einem Jenseits, und wollen im Grunde nichts anderes, als die alte Lehre von der Erbsünde in philosophische Formen einkleiden und den Versuch machen, das als freie That darzuthun, was zugleich als Erbstück im Ursprunge überkommen ist.« Ebenda.

[2]) U. 38. — [3]) U. 49.

Ferner zeigt er sich noch als unhaltbar, wenn wir einerseits die Idee in betracht ziehen, welche wir von Gott und seiner Thätigkeit haben, und andererseits unser sittliches Gefühl befragen, das entsteht, wenn wir auf die Zeugenden und den Akt der Zeugung selbst reflektieren.[1])

Einzig richtig ist nur der Generatianismus, welcher lehrt, dass durch die Zeugung der Eltern der Mensch nach Leib und Seele entstehe, vermöge einer der Menschennatur immanenten sekundären Schöpfungskraft.[2]) Die Menschenseelen gehen also aus dem natürlichen Prozesse, aus dem Gattungswesen der Menschheit durch die Generationskraft der Menschennatur hervor. Eine Willkür der Eltern ist dabei ausgeschlossen.[3])

Die Einfachheit des Geistes ist kein Hindernis, den Generatianismus anzunehmen. Schon die theologische Lehre vom Ausgang des hl. Geistes aus den beiden andern göttlichen Personen spricht dafür, dass aus zwei einfachen Wesen eine dritte Persönlichkeit hervorgehen könne.[4]) Dass die menschliche Zeugung der göttlichen gleich sei, behauptet Fr. nicht; aber er glaubt zuversichtlich, dass die menschliche Zeugung ein Abbild der göttlichen sei.[5]) Es braucht kaum betont zu werden, dass dieser Beweis für den Generatianismus der schwächste von allen ist.

Mehr Schwierigkeiten bereitet der Generationstheorie die Unteilbarkeit der Seele. Bei der Zeugung denkt man gewöhnlich an eine Fortpflanzung durch Teilung. Dann wäre das Produkt, die neue menschliche Seele, aus Teilen zusammengesetzt; da mit der Zusammensetzung die Eigenschaft der Teilbarkeit enge verbunden ist, so käme die Unsterblichkeit der Seele in Frage. Ferner müssten sich Teile von den Seelen der Eltern ablösen, was doch gar nicht anzunehmen ist. Der ganze Mensch, Leib und Seele werden in- und miteinander gezeugt. Zwar stammt der Leib vom

---

[1]) U. 55. — [2]) U. 59. — »Generatianismus nennen wir daher unsere Ansicht, nicht Traducianismus, da diesem letzteren Ausdrucke eine falsche Vorstellung vom Wesen der Zeugung, namentlich der menschlichen, zu grunde liegt. Generare ist nicht Traducere, sondern ein sekundäres, ein kreatürliches Creare.« U. 82. — [3]) U. 70 u. Ph. 350. — [4]) U. 66. — [5]) U. 67.

Leibe, die Seele von der Seele; aber beide entstehen zugleich in untrennbarer Verbindung.[1]) Der Hauptgrund für diese Meinung ist nach Fr. der, dass das Gattungswesen den verborgenen Hintergrund, die Tiefe der menschlichen Natur überhaupt und der Seele des Menschen insbesondere bildet.[2]) Im Gattungswesen vereinigt sich das Psychische mit dem Metaphysischen.[3])

Der Vorwurf, Materialismus zu sein, kann die Generationslehre nicht treffen, da ja nicht behauptet wird, dass die Seele aus

---

[1]) U. 70. — [2]) U. 72. — [3]) U. 73. — In einem Briefe an Prof. R. Wagner in Göttingen, datiert 15. Mai 1855, äussert sich Fr. zur „Teilbarkeit" folgendermassen: „Um in betreff der Teilbarkeit der Seelen eine letzte Entscheidung zu geben, halte ich dafür, dass erst eine genaue Revision der Fundamentalbegriffe von Materie, Substanz u. s. w. vorgenommen werden müsste. Indess ich jetzt im Sprachgebrauch für Seele nur „Substanz", nicht „Materie" als zulässig erachtet, und für letztere Teilbarkeit ohne weiteres zug standen, für erstere aber nicht in jedem Sinne. Dass die neu entstehende Seele aus zwei Teilen zusammengesetzt werde, nehme ich, diesem Sprachgebrauch folgend, nicht an; dass sie aber Resultat zweier geistigen und insofern realen Wirkungen sei, das gebe ich zu und behaupte ich auch. Den Ausdruck „Teilun;" aber möchte ich jedenfalls bei Bestimmung des Ursprungs der menschlichen Seelen vermeiden; für's erste, weil doch das Entscheidende die „Einigung" der beiden Wirkungen ist, die von den Naturen der Eltern ausgehen, und die ür sich noch nicht sind, was sie durch Einigung erst werden — substantielle Seele nämlich; — dann möchte ich den Ausdruck „Teilung" vermeiden um des grossen Ärgernisses willen, das die Annahme einer Teilbarkeit der Seelen namentlich den Theologen verursacht, da sie glauben, die Einfachheit und damit auch Unsterblichkeit der Seele müsse dabei notwendig darauf gehen . . . Den schon fixierten Sprachgebrauch also Rechnung tragend, vermeide ich von Teilen und Teilbarkeit zu sprechen, wo von der Menschenseele die Rede ist. D ss zwei Wirkungen von den Seelen der Eltern ausgehen und durch sie in geheimnisvollem Akte eine neue Seele ihren Ursprung nimmt, das lassen sich zuletzt auch die Theologen und Philosophen gefallen; dass aber zwei Teile von den substantiellen Seelen der Eltern sich loslösen und zur neuen Seele sich einigen, das ist ihnen ein unerträglicher Gedanke, weil sie dabei nichts anderes sich zu denken vermögen, als einen grob materiellen Vorgang, an den man bei dem Worte Teil und Teilbarkeit zunächst zu denken pflegt; deshalb, wie gesagt, vermeide ich diese Ausdrücke und spreche nicht von geistigen Teilen, sondern von geistigen, realen Wirkungen und geistig-realer (nicht bloss formaler) Wirksamkeit bei der Seelengeneration." B. Münz, Briefe von und über Frohschammer; 1897: S. 44. (Sind diese „Wirkungen" nun Substanzen oder Thätigkeiten?)

der Materie entstehe.[1]) Ebensowenig neigt der Generatianismus
zum Spiritualismus.[2]) Ferner führt er durchaus nicht zur Annahme
einer allgemeinen Geistersubstanz. Nach Fr. ist die geistige Substanz die realisirte Idee Gottes im Menschen, die in jedem Menschen
als Gleichheit, aber nicht als Einerleiheit lebt;[3]) nicht in allen
Personen ist also eine und dieselbe Substanz. Die Substanz der
Neuerzeugten wird schöpferisch hervorgebracht; denn vor dem Akt
der Zeugung war sie noch nicht da. Der Generatianismus bedingt
durchaus nicht die Geschlechtlichkeit des Geistes. An sich ist der
Geist ebenso wenig geschlechtlich als es die Materie ist. Nur
insofern kommt dem Geiste Geschlechtlichkeit zu, als er durch
seine Vereinigung mit dem Leibe ein Glied des Menschengeschlechtes
bildet. Keines der beiden Teile der Menschennatur ist für sich
geschlechtlich; erst ihre Verbindung, das Dritte, der Mensch, ist es.
Mit der Trennung im Tode hört demnach auch die Geschlechtlichkeit auf.[4])

Die ganze Begründung der Generationstheorie zeigt sich bei
Fr. auf Theologie und Metaphysik fundiert. Auf erstere weist die
vielfache Operation mit Bibelstellen hin, ein Erbstück seiner theo-
logischen Bildungszeit. Das kunstvolle Gebäude ist aber so recht
eigentlich auf Metaphysik gebaut und Fr. zeigt sich hierin als noch
stark in scholastischen Banden haftend. Obwohl er derselben,
wenigstens dem materiellen Gehalte nach, sich zu entreissen und
der modernen Naturwissenschaft entgegenzukommen sucht, kann
ihm doch beides nicht recht gelingen. Fr.s Substanzbegriff wird
kaum je Anerkennung finden. Was soll das heissen: die Substanz
ist die realisierte Idee Gottes im Menschen? Welcher materielle
Inhalt soll in diesen Worten stecken? Ist es die biblische Gott-
ebenbildlichkeit, so ist es wenig mehr als ein Gleichnis. Bedeutet
dieser Begriff die Idee, welche sich die Menschheit von Gott bildet,
so müsste er ebenfalls abgelehnt werden; denn die geschichtliche
und vergleichende Religionswissenschaft zeigt, dass die Vorstellung
(Idee) von Gott sich im Menschengeschlechte aus ersten groben

[1]) U. 74. — [2]) U. 78. [3]) U. 80, 81. [4]) U. 87, 88.

Anfängen zu höheren feinen Gebilden entwickelte und sich wahr-
scheinlich noch entwickeln wird. Ferner setzt Fr.s Substanzbegriff
einen festen Begriff Gottes voraus. So repräsentiert sich der Begriff
der geistigen Substanz bei Fr. als ein allzu verflüchtigter Gedanke,
dem höchstens ein logischer Inhalt zukommt.

Ohne uns in die metaphysischen Grundlagen des Generatianismus einzulassen, sei nur betont, dass die Erfahrung mehr für
ihn spricht als für andere Lehren. Auf dem Standpunkte des
empirischen Satzes vom psychophysischen Parallelismus, den die
Erfahrung gewiss immer noch mehr bestätigen wird, lässt sich die
Generationstheorie unschwer vertreten. Denn dieser Satz sagt aus,
dass neben gewissen physiologischen Prozessen geistige Vorgänge
einhergehen. Biologie, Anatomie und Physiologie zeigen nun, dass
sich körperliche Zustände, Eigenschaften u. a. von den Eltern auf
ihre Nachkommen vererben; bei gleichen physiologischen Zuständen
also auch gleiche psychische Prozesse.[1]) Mehr kann auf Grund
der Erfahrung kaum ausgesagt werden. Sätze über die Herkunft
eines substantiellen Seelenwesens können sich nicht auf sie berufen.

§ 11. Mit seiner Lehre von der Unsterblichkeit der
menschlichen Seele steht Fr. auf dem Boden des Christentums.
Doch bemerkt er im Gegensatze zum Thomismus, dass sich direkte
wissenschaftliche Beweise für die Immortalität der Menschenseele
nicht beibringen lassen. Nur ein indirektes Verfahren, das von
der Unmöglichkeit und Absurdität der Annahme des Gegenteils
ausgeht, kann dem Glauben an die Unsterblichkeit Rationalität
verleihen. Der teleologische Gedanke ist also auch hier, indem
er dem Dasein einen Zweck setzt, der Führer auf diesem
schwierigen Gebiete.[2]) In etwas mystischer Weise nennt Fr. den
Tod die vollkommene Ausgeburt der Persönlichkeit des menschlichen Geistes aus dem Gebiete der Natur und der menschlichen
Gattung, die eigentliche metaphysische Geburt des Menschen.
Durch den Tod wird das Wesen des Menschen ganz selbstisch,
überirdisch und deshalb. unsterblich.[3])

---

[1]) In den Phänomenalismus braucht man deswegen nicht zu verfallen.
[2]) Philosophie d. Thomas v. Aquino; S. 429, 430. — [3]) U. 218, 219.

2. Verhältnis von Leib und Seele.

§ 12. Betreffs der konstitutiven Momente der Menschennatur nimmt Fr. Stellung gegen den schroffen Monismus, den absoluten Dualismus und die Trichotomie. Dem ersteren kann er sowohl in psychologischer als auch in naturphilosophischer Hinsicht nicht huldigen, denn aus dem Einerlei eines Wesens lässt sich keine Verschiedenheit ableiten.[1] Die Trichotomie ist schon durch das Grundprinzip, die Weltphantasie, welche im Unorganischen und Organischen waltet, ausdrücklich ausgeschlossen. Fr. entscheidet sich für den relativen Dualismus, der, in seine letzten Konsequenzen verfolgt, doch wieder in einen Monismus ausmünden muss. Das Prinzip des Geschehens ist eines, eine Einheit, aber keine Einerleiheit.[2] Der absolute Dualismus lässt sich nicht rechtfertigen und begründen. Wohl aber kann die Erscheinungswelt nur unter dem Gesichtspunkte des Dualismus begriffen werden.[3]

Übrigens vermag Fr. seinen gemässigten Dualismus selbst nicht recht zu begründen. So findet er es merkwürdig und rätselhaft, dass sich das eine Grundprinzip sowohl in bewussten als auch in unbewussten Funktionen äussert. Er nennt deshalb das Problem des relativen Dualismus ein dunkles Problem, das eigentliche Rätsel des menschlichen Daseins.[4] Durch einen Analogieschluss mit dem Verhältnis der Sonne zur Erde — die Sonne ist für die Erde zugleich Prinzip des Tages und der Nacht — sucht er seine Ansicht zu verständlichen.[5] Doch halten wir diesen Analogiebeweis nicht für einen glücklich gewählten. Wie schon oben angedeutet, scheint uns der gemässigte Dualismus Fr.s nur ein verkappter Monismus zu sein, auf den ja sein ganzes philosophisches System hindrängt. Für sehr unglücklich halten wir den Gedanken Fr.s, »Seele« und »Geist« doch in verschiedener Bedeutung zu gebrauchen. Ersteres Wort will er mehr für die Thätigkeit des Prinzips im Sinnengebiete verwenden, während unter »Geist« mehr das sogen. höhere psychische Leben in Denken, Fühlen und Wollen zu verstehen sei.[6] Mit dieser Scheidung ist die Trichotomie in der

[1] Ph. 365. — [2] Ph. 366. — [3] Ph. 370. — [4] Ph. 372. — [5] Ph. 373.
[6] Ph. 376. Fr. hält sich damit allerdings an dem älteren Sprachgebrauch.

Erscheinungswelt durch ein Hinterthürchen wieder hereingeschlüpft, nachdem sie vorher offiziell abgelehnt wurde. Für die einem Dualismus aus dem Kausalitätsbegriff und dem Energiesatze entspringenden Schwierigkeiten scheint Fr. nicht die rechte Würdigung zu finden, da er sie gar nicht berührt, ein Mangel, der sich in der Befestigung seiner Anschauungen sehr fühlbar macht.

§ 13. Fr. war viel zu wenig Naturwissenschaftler, so dass er in seinem Systeme auf die Ergebnisse eingehenderer und exakter physiologischer und anatomischer Forschungen nicht gebührend Rücksicht nehmen konnte.

Wenn Fr. die Nerven einteilt in sensuelle, sensible,[1]) motorische und vegetative,[2]) so ist diese Klassifikation sowohl von der Physiologie als auch von der Psychologie abzulehnen. Eine Beschreibung der spezifischen Qualität der von ihm aufgestellten vier Arten von Nerven kann Fr. selbst nicht geben. Über die spezifische Sinnesenergie erfahren wir fast gar nichts. Nur im Ms. spricht er sich dahin aus, dass sie auf die Prädisposition als das Wahrscheinlichste zurückzuführen sei,[3]) eine Ansicht, welche nicht weiter erläutert wird. Ob der Grund für die Differenziierung in der Peripherie oder im Zentralorgan zu suchen sei, wird ganz übergangen. Die moderne Psychologie legt mit Recht ein grosses Gewicht auf die genaue Kenntnis der Hirnteile und deren Funktionen. Auch hierin herrscht bei Fr. Dürftigkeit. Im grossen und ganzen bezeichnet er das Grosshirn als das Organ des Bewusstseins und Denkens, das Kleinhirn als das der Bewegung. Vom Rückenmark sagt er eine gewisse Selbständigkeit in Aneignung und Einprägung, von Übung, Gewohnheit, in Gedächtnis u. s. w. aus.[4])

Das Verhältnis von Leib und Seele zu einander ist teils eine Beziehung der Abhängigkeit, teils eine der Unabhängigkeit von einander. Sowohl in seinem anatomischen Bau als auch in seinen physiologischen Funktionen ist der Leib von der Seele unabhängig,

---

[1]) Diese sind physisch-psychisch; er nennt sie auch Fühlhörner der Imagination nach aussen oder Tasten der Seele. Ph. 282, 284.
[2]) Ph. 377. — [3]) Ms. 16. — [4]) Ph. 377.

Jein er war schon da, ehe diese selbstbewusst ward, und wirkt, wenn dieselbe, wie im Schlafe, teilweise schwindet. Dagegen ist der Leib in seinem äusseren Verhalten, in seiner Verwendung in die Gewalt des Geistes gegeben.[1]) Obwohl der psychische Organismus den leiblichen zur Voraussetzung und Bedingung hat, so steht er doch insofern wieder über diesem, als die seelischen Funktionen unabhängig, ja im Gegensatze zum Körper sich gestalten.[2]) Da das Bewusstsein sich nicht als Leibliches, als Materielles weiss, so kommt dem bewussten und selbstbewussten Geist auch kein Wissen von den physiologischen Funktionen und dem anatomischen Bau des niederen Organismus zu.[3])

Die menschlichen Sinne sind nur Werkzeuge, um äussere Reize aufzunehmen und so die Seele anzuregen.[4]) Die Wirksamkeit der Sinne gestaltet sich sowohl rezeptiv als auch produktiv.[5]) Wenn auch Fr. unter dieser Produktivität der Sinnesorgane meist die Hallucinationen versteht, so können diese doch nicht als Produkte der Sinnesorgane gefasst werden, da sie auf krankhaften Zuständen des Zentralorgans beruhen. Um richtig funktionieren zu können, müssen die Sinne teleologisch eingerichtet sein. Die Sinne werden nun gebildet von der objektiven Phantasie. Bevor es aber zur Schaffung der äusseren Sinnesorgane kommen konnte, musste schon ein innerer und allgemeiner Sinn da sein; dieser ist als der Anfang des Bewusstseins zu betrachten. Über die Entwicklungsfolge der Sinne ist wohl das zu sagen, dass die psychische Natur sich nur tastend an den Stoffen und plastisch gestaltend zur Geltung brachte, wie ein äusserer Gemeinsinn; später trat dann eine Differenziierung in die einzelnen Sinne ein nach den Hauptqualitäten des sinnlichen Daseins und Wirkens. Der Tastsinn ist der Vermittler zwischen der sinnlichen Empfindung und den übrigen Sinnen. Zur Bildung der Sinnesorgane ist ein Doppeltes notwendig: 1. Bildung spezifischer Nerven und zweckmässiger äusserer Organe und 2. die innere Mitwirkung. Ohne diese innere Umsetzung bleiben z. B. die Luftbewegungen nur physische Veränderungen und physikalische Verhältnisse.[6])

¹) S. 170. — ²) Ph. 405 u. S. 170. — ³) S. 171 u. Ph. 405. —
⁴) O. 321. — ⁵) Ph. 292. — ⁶) Ph. 294 u. 302.

§ 14. Eine ganz eigentümliche Anschauung entwickelt Fr. in seiner Lehre von der Empfindung. Während die moderne Wissenschaft diesen Teil der Psychologie am besten und fruchtbarsten bebaut hat, thut ihn Fr. ziemlich kurz ab. Wir erfahren weder etwas Eingehenderes über den eigentlichen Charakter der Empfindung, noch über ihre Eigenschaften, Einteilung u. s. f.

Darin steht Fr. jedoch mit der modernen Psychologie in Übereinstimmung, dass er die Empfindung etwas Subjektives nennt, ein Erlebnis, einen Zustand, der vom erlebenden Individuum abhängig ist. Obwohl er eine objektiv klare und verständliche Definition der Empfindung ihres subjektiven Charakters wegen nicht geben zu können vermeint, so bezeichnet er sie doch als ein Innenfinden oder mit anderen Worten: Empfindung ist für das Lebendige ein Wahrnehmen seines eigenen physisch-psychischen Zustandes, also des eigenen organisch-lebendigen Seins, und zwar nach der jeweiligen Beschaffenheit desselben, des Seinsollens oder Nichtseinsollens.[1]) Diese Begriffsbestimmung ist unstreitig zu weit, da sie der Empfindung die Eigenschaft der Selbstbewusstheit verleiht. Tiere und Kinder könnten demnach keine Empfindungen haben. Fr. scheint diese Schwierigkeit selbst gefühlt zu haben, denn an einer späteren Stelle spricht er davon, dass noch nicht klares Bewusstsein die Empfindnng begleite.[2])

Auch für Fr. ist die Empfindung der Wendepunkt in der Naturentwicklung, indem sie die Grundlage des geistigen Lebens bildet. In seine sich hieran anschliessenden Spekulationen können wir ihm jedoch nicht folgen. Denn er sagt, dass durch die Empfindung das Individuum vom Sein zum Fürsichsein komme, zur Unterscheidung seines eigenen Seins sowohl von den Objekten als auch von den Zuständen seines eigenen Seins.[3]) Wie soll z. B.

---

[1]) Ph. 276.

[2]) Ph. 276. — Die Erklärung der Empfindung als ein Innenfinden bezeichnete Fr. früher als nicht unrichtig, aber als ungenau, »denn in der früheren Lebenszeit wenigstens wird ein Innen gar nicht unterschieden, ein »Sich« ebensowenig; genauer dürfte das Wesen der Empfindung ausgedrückt sein als »Innewerden« oder »In-und-für-sich-werden«. (Athenäum; II. Bd. S. 104.)

[3]) Ph. 276.

durch zentralerregte Empfindungen ein Kind zur Unterscheidung seines Seins von Zuständen seines Seins kommen? Die Empfindung als solche bedingt nicht den Unterschied zwischen reinem Sein und Zustand des Seins. Auf den niederen Stufen (Tier und Kindheit) fallen beide zusammen. Ihre Trennung ist erst ein spätes Produkt der begrifflichen Abstraktion. Ferner haben die Empfindungen als solche unserer Ansicht nach nichts mit den Gefühlen zu thun, wie es Fr. behauptet, indem er die Empfindung dahin charakterisiert, dass sie in den lebendigen Wesen zu Motiven des Wohl- oder Übelbefindens werde.[1] Ich kann z. B. eine Lichtempfindung, ein Blau, haben, ohne dass sich zugleich ein Gefühl, sei es nun Lust oder Unlust, regte; die Empfindung lässt mich gleichgiltig, sie ist indifferent. Es kann nicht jeder Empfindung ein Gefühlston zugesprochen werden. Das Gefühl ist vielmehr neben der Empfindung ein selbständiges Element des Bewusstseins.[2]

Das Gebiet der Metaphysik und Erkenntnistheorie betritt Fr. mit der Behauptung, dass in der Empfindung nur das Subjekt, nicht ein Objekt wahrgenommen werde, d. h. nur ein Zustand, nicht ein Gegenstand ist Inhalt der Empfindung.[3] Wir haben an dieser Stelle keine Veranlasung auf dies einzugehen.

Bedingt ist die Emfindungsfähigkeit durch die teleologische und rationale Organisation des Individuums.[4]

Von der Vorstellung unterscheidet die Empfindung sich dadurch, dass sie dem Bewusstsein keine Abbildung des Gegenstandes zuführt; sie ist nur eine reale Vorstellung, insofern Wahrnehmung und Inhalt eins sind. Für die eigentliche Vorstellung ist die Empfindung (Sinneswahrnehmung) notwendig, ist in ihr enthalten.

Wenn Fr. meint, Empfindung und Bewusstsein stünden in einem direkten Verhältnis, so dass also mit der höheren Entwicklung des Bewusstseins die Klarheit der Empfindung steige,[5] so wird er den Thatsachen nicht gerecht. Gewiss ist das Be-

---

[1] Ph. 277. — [2] Siehe bes. Külpe, Grundriss der Psychologie; § 34. — [3] Ph. 277. — [4] Ph. 278. — [5] Ph. 286.

wusstsein ein wichtiges Moment, aber die Beziehung der Empfindung zur Reizskala ist es nicht minder.

Obwohl Fr. der Empfindung einen Gefühlston zuschreibt und Empfindung und Gefühl etwas Subjektives nennt, so will er doch beide wieder streng unterschieden wissen. Erstere sei mehr peripherischer Art und beziehe sich auf das physisch-psychische Wesen, während letzteres als ein innerer Zustand die Selbstoffenbarung des Seelenwesens sei. Anfänglich sei das Gefühl der Empfindung wohl immanent und gewinne sich erst später in seiner Reinheit.[1]) Über diese Immanenz des Gefühls sagt uns aber leider die Selbstbeobachtung nichts. Das Gefühl ist durchaus nicht bloss innerlich; mit Vorbehalt könnte man die Innerlichkeit etwa nur von den sogen. höheren geistigen Gefühlen[2]) aussagen. Zudem ist eine sehr grosse Zahl von Gefühlen peripheren Ursprungs. Weiterhin ergaben neuere Untersuchungen, dass die Gefühle in ihrer Ausdrucksform mit dem Organismus in inniger Beziehung stehen.

3. Bewusstsein und Selbstbewusstsein.

§ 15. Die Bedingungen jeder höheren geistigen Thätigkeit sind Bewusstsein und Selbstbewusstsein. Aber beide zu gleicher Zeit als Zustände und Funktionen zu bezeichnen,[3]) wie es Fr. thut, geht doch nicht wohl an; sie können nur eines von beiden sein: entweder Zustände oder Funktionen. Nach Fr. lässt sich das Bewusstsein nicht bestimmt definieren; es müsse vielmehr unmittelbar erfahren werden.[4]) Im Gegensatze hiezu ist zu sagen, dass doch eine Definition des Bewusstseins gegeben werden kann. Ohne etwas zu bezeichnen, was neben den psychischen Gebilden vorhanden wäre, kann es als der Zusammenhang der psychischen Gebilde aufgefasst werden.[5])

Eine grosse Unsicherheit in der Begriffsbestimmung macht sich ferner darin geltend, dass Fr. einmal zwei, ein andermal drei

[1]) Ph. 287.
[2]) Z. B. den sogen. logischen Gefühlen.
[3]) Ph. 398. — [4]) S. 171.
[5]) Wundt, Grundriss der Psychologie, 3. Aufl. S. 238.

konstitutive Momente des Bewusstseins unterscheidet. Das subjektive Moment (den Zustand) trennt er vom objektiven (dem Inhalt). Bei näherer Betrachtung sollen sich jedoch drei Faktoren ergeben: 1. Zustand oder inneres Licht, 2. das Wissende oder Erkennende, 3. das Gewusste.[1]) So gleicht das Bewusstsein einem inneren Lichte, in welches die äusseren Wahrnehmungen und inneren Vorstellungen eintreten.[2]) Die Annahme eines Zustandes oder eines inneren Lichtes neben dem Gewussten und dem Erkennenden scheint uns bedenklich und ausserhalb der Erfahrung zu liegen. Man merkt es der ganzen Behandlung dieses Teiles der Psychologie besonders an, dass Fr. das Seelenleben immer unter dem Gesichtspunkte seines Grundprinzipes betrachtet. So lässt er das Bewusstsein aus der Weltphantasie entstehen. Dadurch, dass sich das Äusserliche verinnerlicht und durch die Empfindungen mehr psychische Nahrung empfängt, leuchtet in dieser psychischen Konzentration die objektive Phantasie zur subjektiven auf; dieses Aufleuchten soll das Bewusstsein sein. Stünden Bewusstsein und subjektive Phantasie in einem solchen Abhängigkeitsverhältnis, dann müssten phantasiearme Menschen ein Minus an Bewusstsein haben, was man im Ernste doch nicht behaupten kann. Wie der Funke aus dem Stein, so entspringt nach Fr. das Bewusstsein aus dem bewusstlosen, objektiv seienden Organismus.[3]) Sowohl diese Analogie als auch die Erklärung der Entstehung des Bewusstseins sind mehr rhetorisch als beweiskräftig. Wie sich die psychische Nahrung bildet, fortbildet und steigert, vermag Fr. selbst nicht genau anzugeben.[4]) Im Sinne seiner Theorie läge es ferner ein reines Bewusstsein ohne jeden Inhalt annehmen zu müssen, was aber gegen alle Erfahrung verstossen würde.

Das Bewusstsein ist verschieden von Unbewusstheit und Bewusstlosigkeit. Erstere ist auch während des Bewusstseins vorhanden;[5]) sie muss demnach als ein Prädikat von Vorstellungen gefasst werden. Als Bewusstsein von anderem gliedert es sich in ein Welt- und ein Gottesbewusstsein.[6]) Hieraus kann man sehen, dass Fr. in unkonsequenter

---

[1]) Ph. 400. — [2]) S. 172. - [3]) Ph. 403. — [4]) Ph. 401. — [5]) Athenäum, II. Bd., S. 106. — [6]) Ebenda, S. 107.

Weise bald das eine, bald das andere seiner aufgestellten drei
konstitutiven Momente als Bewusstsein nimmt.

Eine Vorstufe des Bewusstseins ist das Wachsein. Während
ersteres ganz psychischer Natur ist, ist letzteres mehr physischer
Art. Bei den niederen Tieren fallen wohl Wachsein und Bewusstsein
in Eins zusammen und bilden so das dumpfe Lebensgefühl.[1] Das
Wachsein verhält sich zum Bewusstsein wie dieses zum Selbstbewusstsein.[2]

Von anderen Graden des Bewusstseins weiss Fr. nichts zu
sagen. Besonders vermisst man eine Lehre von der Aufmerksamkeit.[3] Da Fr. der Empirie so abhold ist, so erfährt man
auch nichts über den Umfang des Bewusstseins. So zeigt sich
eine Vernachlässigung gerade jener Partien der Bewusstseinslehre,
in denen am ersten und leichtesten Thatsachenmaterial geboten
werden könnte.

§ 16. Das Selbstbewusstsein ist ein Zustand des Geistes;
es stellt den Zentralakt des geistigen Organismus dar.[4] Während
das Bewusstsein als das Licht erscheint, gleicht das Selbstbewusstsein
dem Leuchtenden. Als Mittelpunkt aller Thätigkeit wird das
Selbstbewusstsein auch das Ich genannt.[5] Gleich dem Bewusstsein
entsteht auch das Selbstbewusstsein aus der Phantasie; es ist die
Blüte der subjektiven Phantasie oder Bildungskraft in dritter Potenz.[6]
Es wäre irrig, sich das Selbstbewusstsein durch Reflexion entstanden
zu denken. Das Ich weiss vielmehr unmittelbar um sich selbst.
Es besteht in einem Lichte, das nicht nur anderes sondern auch
sich selbst beleuchtet.[7] Im Selbstbewusstsein, das nicht allein Resultat
sondern auch mitbestimmendes Prinzip ist, fallen Objekt und Subjekt unmittelbar in Eins zusammen. Mit dem geistigen Organismus

---

[1] S. 172. — [2] Athen. II. Bd., S. 110.

[3] Nur einmal erwähnt Fr. die Aufmerksamkeit. In seiner Polemik gegen
J. H. Fichte betont er, dass die Aufmerksamkeit schon Bewusstsein voraus-
setze. (Ph. 425.)

[4] S. 175. — [5] Ph. 406. — [6] Ph. 409.

[7] S. 174. — Gegen diese Anschauung machte Fr. früher selbst
geltend, dass ja dann aller Streit über das Wesen der Seele ein Ende haben
müsste, wenn die Seele sich selbst schaute. (Athen., II. Bd., S. 116.)

ist das Selbstbewusstsein aufs engste verbunden; so verschwindet es, wenn dieser in den Zustand des Schlafes oder der Bewusstlosigkeit zurückgeht. Zum Leibe hat es nur eine mittelbare Beziehung. Daraus erklärt es sich, dass das Kind seinen Leib als Objekt und nicht als Subjekt betrachtet und weshalb der Mensch vom innern Bau seines Körpers nichts weiss.

Diese Bestimmungen des Ich liegen ausserhalb aller Erfahrung und fliessen lediglich aus philosophischen Spekulationen, denen ein materialer Inhalt mangelt. Was soll es heissen: das Selbstbewusstsein ist Bildungskraft in dritter Potenz?. Diese Definition. ist wenig mehr als' ein blosses Bild. Ja, Fr. gerät mit sich selbst in Widerspruch, wenn er das Bewusstsein das Licht und das Selbstbewusstsein das Leuchtende nennt. Das Licht kann nicht. eher da sein als das Leuchtende: nun ist aber nach ihm das Bewusstsein eher vorhanden als das Selbstbewusstsein. Die innigen Beziehungen des Selbstbewusstseins zum Körper (taktile und optische Abgrenzung desselben) und zum Willen, sowie den Inhalt des Selbstbewusstseins (sittliche, religiöse, wissenschaftliche und andere Überzeugungen) übersieht Fr. in seiner spekulativen Befangenheit gänzlich. Die Beweise, welche er dafür beibringt, dass das Selbstbewusstsein sich nur mittelbar auf den Körper bezöge, sind hinfällig. Nicht der Geist allein ist das Subjekt, sondern Geist und Körper zusammen. Bezöge sich das Selbstbewusstsein lediglich auf die Seele (in Fr.'schem Sinne), so wäre nicht einzusehen, wie die thatsächliche Entwicklung des Selbstbewusstseins möglich wäre. So lange das Kind seinen Körper noch nicht von der Aussenwelt unterscheidet, wird man nicht von einem Selbstbewusstsein reden dürfen. Auch der Hinweis darauf, dass der Mensch vom feineren Bau seines Leibes nichts wisse, ist unhaltbar. Die Sinne geben uns eben davon keine Nachricht und unmittelbar kann die Seele nichts wahrnehmen.

4. Die Einheit des Geistes und die Seelenvermögen.

§ 17. Der menschliche Geist bildet eine Einheit. Diese Behauptung gründet sich sowohl auf das unmittelbare Bewusstsein von der Einheit des eigenen Wesens und Seelenlebens inmitten aller Veränderungen als auch auf die Erkenntnis der Unmöglichkeit, ohne Einheit des Wesens diese Einheit des Bewusstseins und des Geisteslebens beweisen zu wollen.[1] So ist der eine menschliche Geist einigendes und ordnendes Prinzip für alles, was in das Licht seines Bewusstseins tritt; er ist einheitlich gleich dem Lebensprinzip, der Weltphantasie. Wie der Leib ein einheitlicher Organismus ist, dessen viele Teile die Einheit nicht aufheben, so bildet auch der geistige Organismus, die Seele, bei allen Vielheiten eine harmonische Einheit.[2]

Alle Gründe, welche gegen die Einheit der Seele ins Feld geführt werden, stammen hauptsächlich aus der materialistischen und atomistischen Weltanschauung und sind durchaus nicht stichhaltig.[3]

In logischer Hinsicht ist aber Frs. Beweis sehr anfechtbar, denn er beweist mit der Einheit des Bewusstseins die Einheit des Wesens und dann mit dieser jene. (Zirkelbeweis.)

§ 18. Die Wiedereinführung der alten Lehre von den Seelenvermögen gehört wohl zu den schwächsten Punkten der Psychologie Fr.s. Herbart hatte die Seelenvermögentheorie am schärfsten bekämpft. Doch hat Fr. nicht ganz unrecht, wenn er die Verwerfung der Seelenvermögen seitens Herbarts nicht mit vollwichtigen Gründen belegt sieht. So weist er darauf hin, dass Herbarts Waffen gegen die Seelenvermögen hauptsächlich dem Arsenale der Metaphysik entnommen sind.[4] Doch ist Fr.s Annahme von Seelenvermögen unglücklich begründet. So bildet er einen Analogieschluss von den dreierlei Nerven des Leibes: Empfindungs-, Sinnes- und Bewegungsnerven auf das Empfindungs-, Gefühls- und Willensleben.[5] Evidenz kann diesem Ähnlichkeitsbeweise gewiss nicht zugeschrieben werden; denn abgesehen davon, dass solche drei Arten von Nerven gar nicht existieren, müsste erst die Gleichheit bezw. Ähnlichkeit von Physischem und

---

[1] Ph. 381. — [2] S. 176, 177. — [3] Ph. 383. — [4] Ph. 393. — [5] Pb. 395 und S. 177. (Früher lernten wir vier Nervenarten kennen; siehe pag. 22.)

Psychischem bewiesen werden. Eine zweite Analogie ist noch
hinfälliger. Wie das Licht leuchte, bewege und wärme, so komme
auch dem Geiste das Licht der Erkenntnis, die Wärme des Gefühls und die Kraft des Willens zu.¹) Physikalisch genommen ist
der erste Teil dieses Beweises falsch, womit auch die Schluss-
folgerung fällt. Weiterhin beruft sich Fr. darauf, dass die verschiedenen Ausdrücke, wie Denken, Vorstellen, Fühlen, Begehren,
davon zeugen, dass es sich um verschiedenes und nicht um eines
handle. Diese Berufung auf die naive und primitive Denkweise
kann die Wissenschaft nicht gelten lassen. Hätte so die Sprache
des Alltagslebens recht, dann müsste behauptet werden, dass die
Sonne sich bewege; denn allgemein heisst es: die Sonne geht
auf, steigt empor, geht unter, u. s. w. Die Einfachheit der Seele
ist nach Fr. kein Grund gegen die Seelenvermögen, wenn man
»einfach« nicht als »leer« nimmt.²)

Seine Seelenvermögentheorie sucht Fr. dadurch annehmbarer
zu gestalten, dass er die einzelnen Vermögen nicht schroff und
beziehungslos einander gegenüber stellt, sondern sie sich denkt als
konstitutive Kräfte des einen Seelenwesens.³) Hergestellt wird die
Einheit der drei Vermögen durch die gemeinsame Funktion des
Bewusstseins.⁴) Die Seelenvermögen werden also nicht erfahren,
sondern sie müssen gedacht werden; nun ist aber das Gedacht-
werden noch lange kein Beweis für ihre Existenz. Sind sie konstitutive Momente des Seelenwesens, dann entgehen sie kaum der
Gefahr, zu Teilseelen oder Seelenteilen umgestempelt werden zu
müssen. Wie ist es weiterhin zu erklären, auf welche Art und
Weise das Erkenntnisvermögen auf das Gefühlsvermögen u. s. w.
einwirkt? Ist die Abgabe von einem Vermögen auf das andere
unmittelbar oder wird sie wieder durch ein etwas vermittelt? Die
Annahme von Seelenvermögen birgt also in sich einen ganzen
Rattenkönig von Ungereimtheiten und gibt vollauf Anlass zur Begründung einer antiempirischen Psychologie. Aus diesen Gründen,
nicht aus metaphysischen Erwägungen, sieht die moderne Psychologie von den Seelenvermögen ab. Sie sind nichts als Gattungs-

¹) Ph. 387 — ²) Ms. 23. — ³) Ph. 388. — ⁴) Ms 24.

begriffe,[1]) denen jede Realität mangelt. Zur Ordnung von Thatsachen können sie allenfalls verwandt werden, aber nicht zur Erklärung von Thatsachen. Deshalb ist die Vermögenspsychologie
bis heute unfähig gewesen, tiefer in das psychische Geschehen
einzudringen und die wirklichen Elemente des Seelenlebens zur
Darstellung zu bringen. Die moderne Psychologie verwendet die
Dreiteilung der Vermögen höchstens als Klassifikationsbegriffe
und Schemata. Aber auch als solche werden sie in neueren
psychologischen Werken nicht mehr gebraucht. Dem Beispiele der
übrigen Wissenschaften folgend, werden bei der Stoffeinteilung
erst die Elemente des Seelenlebens und dann die Zusammen-
setzungen dieser Elemente besprochen: z. B. die Werke von
Wundt, Külpe, u. a.

Den Hervorgang der Vielheit von Vermögen aus der kon-
kreten, objektiven Einheit nennt Fr. eine explicatio impliciti, eine
Entwicklung und Gliederung des Potentiellen.[2]) Diese Bildung
der Seelenvermögen ist nicht eine Metamorphose desselben einen
Wesens, sondern nur die innere Fülle gelangt zur äussern Erscheinung und klaren Bethätigung.[3]) Während so Fr. eine Metamorphose abweist, lässt er an einer andern Stelle[4]) eine Metamorphose
wieder zu oder lässt wenigstens nichts gegen sie sprechen. Entweder das eine oder das andere!

Fr. behandelt das Seelenleben nicht in der alten Reihen-
folge: Erkenntnis-, Gefühls- und Willensvermögen, sondern in anderer Ordnung: Gemüt oder Gefühlsvermögen, Erkenntnis- und
Willensvermögen.

a) D a s G e m ü t.

§ 19. Das G e m ü t ist das tiefste und fundamentalste Seelenvermögen.[5]) Eben weil es das Innerste, Unmittelbarste und zugleich Unbestimmbarste im menschlichen Geiste ist, ist es am

---

[1]) Der Wille ist z. B. keine elementare Thätigkeit der Seele, sondern
lässt sich zurückführen auf Strebungen (Strebungsgefühle und Innervations-
empfindungen). Siehe Külpe, Psychologie; § 40.
[2]) Ph. 394. — [3]) Ph. 395. — [4]) Ph. 306. — [5]) Ph. 427.

spätesten von allen Seelenvermögen erfasst und erkannt worden.[1]) Es ist notwendig ein besonderes Gefühlsvermögen anzunehmen; denn die psychischen Erscheinungen, welche wir Gefühle nennen, können aus keiner anderen Seelenpotenz erklärt werden; es muss demnach von den Wirkungen auf eine ihnen adäquate Ursache geschlossen werden. Bei dieser Beweisführung übersieht Fr., dass der Schluss von der Wirkung auf die Ursache immer eine missliche Sache ist und leicht fehlgehen kann.

Wenn Fr. die Gefühle nicht als Abgeleitetes, Sekundäres gelten lässt, sie weder als Verhältnisse von Vorstellungen noch als Willensstrebungen oder Triebe aufgefasst wissen will,[2]) so steht er damit auf einem moderneren Boden; denn die neuere Psychologie schreibt den Gefühlen auch einen elementaren Charakter zu.

Der Definitionen des Gemütes oder des Gefühlsvermögens gibt Fr. mehrere. Er nennt das Gemüt das Vermögen des Zumuteseins, die Fähigkeit verschiedenen Zumuteseins und der Wahrnehmung davon, das Vermögen innerer Stimmung und Erregung des Seelenwesens und -zustandes, harmonischer oder disharmonischer Art, und deren Wahrnehmung oder Genusses.[3]) Das Gemüt darf nicht als ein Stück oder Teil der Seele betrachtet werden, sondern es ist die ganze Seele selbst, es ist das geistige Wesen in seiner Unmittelbarkeit.[4]) Ist das Gemüt die ganze Seele, wie kann es dann wieder eine Fähigkeit der Seele sein? Weiterhin kann die Frage aufgeworfen werden: Wie vereinigt sich mit dieser Annahme die Stellung der beiden andern Seelenvermögen?

Das Gemüt gleicht einem lebendigen Instrumente, auf welchem die Natur- und Geschichtsverhältnisse ihre Harmonien oder Disharmonien spielen. Es gibt dem Dasein des Menschen erst den eigentlichen Wert. Was die Klangfähigkeit für die Körper ist,

---

das stellt das Gemüt für den menschlichen Geist dar. Diese Analogie
sucht Fr. durch Hinweis auf die Musik zu erhärten.[1]
Mechanisch lässt sich die Entstehung des Gemütes nicht
erklären. Es ist vielmehr entstanden aus der subjektiv gewordenen
objektiven Phantasie, indem die plastische Potenz derselben innerlich,
selbständig und individuell-lebendig geworden ist; doch hat das
teleologische Moment immerhin eine gewisse Mitwirkung.[2] Das
Gemüt ist gleichsam die innere plastische Potenz der allgemeinen
Weltphantasie, während die Naturbildungen Produkte der äusseren
Gestaltungkraft sind. In dieser Beziehung sieht nun Fr. den Hauptgrund dafür, dass solche Dinge das Gemüt affizieren.[3]

Eine strenge Grenze zwischen Empfindung und Gefühl will
Fr. nicht gelten lassen.[4] Das Gemüt bildet eine Analogie zur Empfindungsfähigkeit; was diese für den leiblichen Organismus bedeutet,
ist jenes für den psychischen. Zum erstenmale äussert sich das
Gemüt in dem dunklen, unbestimmten Selbstgefühl, das sich zum
klaren Selbstbewusstsein verhält wie die Dämmerung zum sonnigen
Tage. Ein blosses Selbstgefühl ist kaum je vorhanden; wir kennen
immer nur ein modifiziertes Selbstgefühl, d. h. ein eigentümliches
Zumutesein.[5]

Die Bedeutung des Gemütes liegt darin, dass die Seele
sich unmittelbar selbst hat und geniesst, dass es die Stellung des
Menschen sowohl zur Natur, als auch zum Nebenmenschen und
zu Gott regelt.[6] Aus ihm kommen für das Handeln die mäch-
tigsten Impulse.[7]

§ 20. Die gebräuchliche Einteilung der Gefühle in Lust-
und Unlustgefühle, in positive und negative, in reine und gemischte
lässt Fr. nicht bestehen. Er erkennt aber an, dass jedem dieser
Gesichtspunkte eine gewisse Berechtigung zu grunde liege, obwohl
er gewichtige Gründe für seine Gegenansicht nicht geltend machen
kann. Unserer Anschauung nach ist die Klassifikation der Gefühle
in solche der Lust und solche der Unlust die einzig richtige.

---

[1] S. 178 u. Ph. 433. — [2] Ph. 436. — [3] Ph. 435. — [4] Ph. 437.
Früher lernten wir eine gegenteilige Ansicht kennen. Siehe pag. 26. — [5] Ph.
441. — [6] Ph. 438, 439 u. S. 179. — [7] Ph. 441.

Fr. gründet seine Einteilung der Gefühle auf die Entstehung und das Wesen des Gemütes und unterscheidet nun 1. individuelle oder selbstische Gefühle, 2. durch allgemeine ideale Einwirkungen und Strebungen veranlasste Gefühle.[1]) Dieses Schema ist jedoch nicht einwandsfrei, denn der Einteilungsgesichtspunkt ist nicht rein psychologischer Art.

Für die Ausdrucksweise der Gefühle in physiologischer Hinsicht hat Fr. weniger Verständnis, was veranlasst ist durch seine Idealisierung der Gefühle. Zu den idealen Gefühlen werden von ihm gerechnet die sogen. höheren Gefühle für Wahrheit, sittliche Güte, Schönheit, Scham und die eigentlichen ästhetischen Gefühle.[2]) Letztere werden getrennt von den ernsthaften, pathologischen. Diese betreffen das eigene Sein und werden durch ernsthafte Ursachen hervorgerufen, z. B. die Trauer über den Tod einer geliebten Person. Die ästhetischen Gefühle haben nur eine fremde oder fingierte Ursache. Doch sind im grossen und ganzen die Grenzen zwischen beiden fliessend; denn die ernsten Gefühle können zu ästhetischen werden und umgekehrt, z. B. in der Trauermusik. Diese Bestimmung der ästhetischen Gefühle, als durch fingierte Ursachen hervorgerufen, ist wohl nicht anzuerkennen. Eine Musik, ein Gemälde u. a. kann man doch keine fingierte Ursache nennen. Die falsche Nachricht vom Tode eines Freundes müsste ja dann auch ein ästhetisches und nicht ein ernsthaftes Gefühl hervorrufen. Zudem sind ästhetische Gefühle oft stärker als pathologische. Fr. gesteht überdies selbst zu, dass die beiden Gefühle in einander übergehen, d. h. ihr Wesen verwandeln können; ist hieraus nicht zu schliessen, dass ihre Ursachen gleich oder wenig verschieden sein müssen? In das eigentliche Wesen der ästhetischen Gefühle dringt Fr. nicht ein; er übersieht, dass das Charakteristische derselben in zentralen Vorgängen als ihren Ursachen zu suchen ist, in den Reproduktionen, die ein Gegenstand in uns anregt; von

---

1) Im Ms. teilt Fr. ein: 1. Nach Inhalt der Gefühle: a) intellektuelle, b) moralische, c) ästhetische Gefühle. 2. Nach psychischer Qualität: a) Stimmungen, b) Gesinnungen, c) Affekte, d) Leidenschaften.

2) Ph. 442—444.

dem direkten und indirekten Faktor, welche Terminologie schon
Fechner einführte, findet sich bei Fr. nichts.[1]) Überhaupt schreibt
er der formal gestaltenden Phantasie eine zu grosse Bedeutung
bei den ästhetischen Gefühlen zu[2]) und übersieht dabei den ma-
terialen Faktor, der eine nicht minder grosse Rolle spielt.

Es ist Fr. überhaupt mehr zu thun um das Wesen und die
Entstehung des Gemütes, als um eine genaue Charakteristik der
einzelnen Gefühle, ihrer gegenseitigen Beziehungen, ihrer mechanischen
und dynamischen Verhältnisse. Die elementarischen Gefühle werden
stillschweigend übergangen und nur den zusammengesetzten (sogen.
höheren) Gefühlen wird eine Betrachtung gewidmet. Da nach Fr. eine
bestimmte und erschöpfende Definition der Gefühle nicht möglich
ist,[3]) so hat es weiterhin für unsern Zweck keinen Wert, auf seine
entsprechenden Ausführungen näher einzugehen. Eine kurze An-
führung der von ihm besprochenen Gefühle mag genügen: Liebe,
Hass, Zorn, Rachegefühl, National- und Religionshass, Freude und
Trauer, Schwermut, Gram, Kummer, Furcht, Langeweile, Verwun-
derung und Bewunderung, Scham, Ehrgefühl und Andachtsgefühl.[4])

Aus dieser Aufzählung ist zu entnehmen, dass bei Fr. das
Gefühl mit dem Affekt fast identifiziert wird; es ist kaum möglich,
den Affekt von diesen Gefühlen noch zu trennen. Seiner eigenen
Definition nach verbinden sich im Affekt Gefühl und Trieb.[5]) Im
Zorn ist diese Vereinigung unschwer zu erkennen; er muss also
zu den Affekten gerechnet werden, was Fr. in seinem Ms. denn
auch thatsächlich thut. Nicht anders steht es mit den übrigen
oben genannten Gefühlen.

Die Stimmung ist eine Modifikation des Daseins- oder
Selbstgefühles; sie bringt das physisch-psychische Befinden des
Menschen zum Ausdruck. Bedingt ist die Stimmung durch ein
Doppeltes: 1. durch den Zustand des Körpers und 2. durch Vor-
stellungen der Seele, welche wiederum auf den Körper wirken.

---

[1]) Vergl. Fechner, Vorschule der Ästhetik; Külpe, Psychologie; § 38.
[2]. Ph. 445. — [3]) Ph. 449. — [4]) Ph. 449—470. — [5]) Ph. 470.

Die Stimmung kann sein schwach, indifferent, gehoben, gedrückt, angenehm und unangenehm.

Die Gesinnung, welche Fr. die durch intellektuelle und und moralische Strebungen bestimmte Gemütsbeschaffenheit nennt, die beharrt und sich in Ansichten und Strebungen äussert, würde besser in das Kapitel vom Charakter eingereiht werden.

Die Affekte sind plötzlich entstehende und heftige Zustände und Erregungen des Gemütes, die sich gewöhnlich mit bestimmten, plötzlich stattfindenden Handlungen verbinden und sich in diesen entladen. Sie werden begleitet von Ausdrucksbewegungen.

Auch die Leidenschaft subsumiert Fr. fälschlicher Weise unter die Gefühle.[1]

Nach den Gesichtspunkten, die in der Psychologie der Gegenwart herrschend sind, ist die Lehre vom Gefühl bei Fr. etwas dürftig behandelt. Über die Eigenschaften der Gefühle, über die physiologischen Begleiterscheinungen und Beziehungen derselben, über zusammengesetzte und gemischte Gefühle, über das Gemeingefühl, über Kontrastgefühle, über die Einteilung der Affekte u. a. m. erfahren wir so viel wie nichts.

b) Das Erkenntnisvermögen.

§ 21. Das Erkenntnisvermögen fasst mehrere Stufen in sich und bildet gleichsam ein eigenes System im Organismus der Seele. Seine drei Momente sind: 1. Konkrete Erkenntnis durch Sinnesthätigkeit und Reproduktion in Vorstellungen; 2. Abstrakte Erkenntnis im Bilden der Begriffe, Urteile und Schlüsse und 3. ideale Erkenntnis durch Erkennen der Ideen und der Dinge.[2] Obwohl diese Teile verschieden sind, greifen sie doch harmonisch in einander und haben ihr einigendes Band und einheitliches Prinzip in der subjektiven Phantasie.[3]

§ 22. Die konkrete Erkenntnis hat zwei Arten von Sinnesorganen: 1. Die rezeptiven Organe oder die Sinne und 2.

---

[1] Über Stimmung. Gesinnung, Affekt und Leidenschaft siehe Ms.
[2] Ph. 473. — [3] S. 183.

die reproduktiven Organe oder Gedächtnis und Einbildungskraft. Von ersteren ward schon in §§ 13 und 14 gehandelt, so dass an dieser Stelle nur hierauf zurückgewiesen zu werden braucht.

Es ist eine durch nichts zu rechtfertigende Behauptung, wenn Fr. Gedächtnis und Einbildungskraft Erkenntnisorgane nennt. Als solche Organe müssten sie schliesslich im Gehirne festzustellen sein; dies wird aber von Fr. selbst »als noch in tiefes Dunkel gehüllt« bezeichnet.[1]) Dem Stofflichen schreibt er eine wesentliche Bedeutung für die aktuelle Wiedererinnerung zu, lässt es aber dahingestellt sein, ob die Moleküle des Gehirns selbst oder deren Configuration dabei ausschlaggebend sind. Desgleichen ist es Fr. unmöglich, zu zeigen, wie sich das rezeptive Seelenvermögen in ein festhaltendes und reproduktives umwandelt. Da er der Seele stets eine Aktion zuschreibt, so gibt es für ihn keine völlig unwillkürlichen Erinnerungen und er polemisiert in dieser Hinsicht gegen Herbart.[2]) Eine Association der Vorstellungen erkennt Fr. zwar auch an; aber er bespricht weder die alten Associationsgesetze noch stellt er neue auf.[3]) Er nimmt vielmehr seine Zuflucht zu einem Bilde, indem er die Vorstellungen von der bildenden Macht der Seele in analoger Weise verarbeiten lässt wie der leibliche Organismus die physische Nahrung verarbeitet, verbindet und sondert. Durch diesen Vergleich wird eine besondere Klarheit über die schwierige Associationslehre nicht verbreitet.[4])

§ 23. Rationalität ist das Wesen des Verstandes. Dieser ist der feste Mittelpunkt des Geistes für das Denken, der lebendige Complex ewiger Gesetze und Wahrheiten. Das Hauptgeschäft des Verstandes besteht darin, aus dem Besonderen das Allgemeine, das Gesetz zu suchen.[5]) Neben den Gesetzen stellt ein konstitutives Moment des Verstandes dar die bildende Potenz oder Phantasie,

---

[1]) Ph. 476. — [2]) Ph. 477.

[3]) Nur gelegentlich bemerkt er kurz, dass die Ideen sich associieren nach Ähnlichkeit, Unähnlichkeit, Gleichheit, Kontrast, Raum, Zeit u. s. w. Ph. 491

[4]) Gegen die Associationspsychologie nimmt Fr. selbstverständlich Stellung. Ph. 483. — [5]) Ph. 481.

so dass er eigentlich nichts anderes ist als ein In-sich-selbst-Licht-werden der festen beharrlichen Gesetzmässigkeit.[1]) Da der Verstand zur Natur des Geistes gehört, so ist eine Entstehung desselben auf Grund der Erfahrung eine für Fr. unannehmbare Meinung. Doch vermag Fr. von seinem Standpunkte aus nicht, eine vollständige Genesis des Verstandes nachzuweisen.[2]) Ein reines Denken, d. i. ein Denken ohne Inhalt, gibt es nicht.[3])

Subjektiver Verstand und subjektive Phantasie hängen so innig zusammen, dass eine völlige Trennung beider unmöglich ist. Ihr vereintes Wirken ist auch das Richtige; denn herrscht die eine Thätigkeit über die andere, so entstehen entweder Egoismus und Fanatismus oder Formalismus und Spiritualismus.[4])

Dagegen zeigen Verstand und Gemüt wenig verwandtschaftliche Züge. Die Gemütserregung richtet sich nicht nach dem Verstande. In Beziehung können beide nur durch die subjektive Phantasie treten.[5])

§ 24. Die ideale Erkenntnis wird vermittelt durch die Vernunft, welche das Vermögen der Ideen ist. Sie nimmt un-mittelbar wahr, ist keine leere Potenz, sondern trägt einen apriori-schen Gehalt in sich, der gleich ist den geschauten Idealen und dem Göttlichen.[6]) Dem menschlichen Auge, das auch unmittelbar wahrnimmt, gleicht die Vernunft inbezug auf ihre Funktion, dem Samen inbezug auf ihre Entwicklungsbedürftigkeit und -fähigkeit.

Eine nachträgliche Entstehung der Vernunft ist — wie beim Verstande — ebenfalls abzuweisen. Vernunft, Gemüt, Phantasie und Verstand verhalten sich in der Weise zu einander, dass die Vernunft den Gehalt gibt, das Gemüt das Genussorgan ist, die Phantasie es zur bestimmten Erscheinung und Offenbarung bringt und der Verstand den Gehalt zu Begriffen verarbeitet.[7])

§ 25. Die ganze Lehre Fr.s vom Erkennen erscheint uns sehr gezwungen. Schon die nochmalige Dreiteilung des einen Erkenntnisvermögens in Sinnlichkeit, Verstand und Vernunft macht

---

[1]) Ph. 487. — [2]) Ph. 488. — [3]) Ph. 482. — [4]) Ph. 492. — [5]) Ph. 494. — [6]) Ph. 496. — [7]) Ph. 500.

die Sache nicht leichter begreiflich. Die Verschiedenheit von Verstand und Vernunft kann schliesslich nur auf die Erkenntnisgegenstände nicht auf die Erkenntnisweise gegründet werden; denn in psychologischem Sinne ist es gleichgiltig, ob ich Gesetze oder Ideen erkenne; es kann höchstens eine höhere Art der Abstraktion beobachtet werden. Weiterhin hat Fr. nicht nachgewiesen, dass der Verstand nicht durch Erfahrung entsteht. Durch die Nichtbeachtung der Associationslehren ist seine Ansicht vom Denken ziemlich haltlos geworden. Auch ist es eine heikle Sache, der Vernunft unmittelbare Erkenntnis zuzuschreiben und sie in dieser Hinsicht mit den leiblichen Sinnen zu vergleichen; träfe diese Analogie zu, dann müssten alle Streitigkeiten und Gegensätze auf dem Gebiete der Vernunfterkenntnis schon längst verschwunden sein. Als ein Mangel muss es auch empfunden werden, dass Fr. Raum- und Zeitanschauung nicht in psychologischer Hinsicht behandelt; in ihrer prinzipiellen Bedeutung nennt er beide zwar Gegenstände der Erkenntnistheorie und Psychologie,[1]) ohne sie aber in letzterer nach Entstehung und Wesen zu besprechen.

c) Das Willensvermögen.

§ 26. Die Grundlage des Willens ist der Trieb, der noch dem physischen Organismus angehört; durch ihn sucht der Organismus sich zu erhalten und zu fördern.[2]) Er wirkt aber noch nicht als causa finalis, sondern nur als causa efficiens. Schwierig ist es, zu begreifen, dass der Trieb als causa efficiens eine causa finalis einer andern causa efficiens ist. Als solche müssen wir die Weltphantasie annehmen.[3])

Gemüt und Wille werden durch den Trieb in Wechselwirkung gebracht. Er bedingt die Gefühle und geht auch teilweise wieder aus Gefühlen hervor.[4]) Letzteres ist richtig; denn der Trieb ist

---

[1]) S. 55. — [2]) Doch soll er sich auch auf Psychisches beziehen können. Ph. 508. — [3]) Ph. 505.

[4]) Ph. 145. »Um eine Theorie der Affekte und Triebe geben zu können, müssten einerseits eine gesicherte Theorie der Gefühle und Organempfindungen, andererseits klarere Vorstellungen über die Verschmelzung vorhanden sein.« (Külpe; Psychologie; pag. 345.)

bestrebt, ein Lustgefühl zu erhalten und ein Unlustgefühl abzu-
wehren; aber dass er Gefühle bedingt, wird schwer aufrecht erhalten werden können; es ist höchstens zu sagen, dass die Befrie-
digung eines Triebes ein Lustgefühl hervorrufe.

Während der Trieb ohne Bewusstsein wirkt, ist der Wille
thätig nur im Zustande des Bewusstseins. Bestimmt wird er dann
von Vorstellungen als den Zielen.[1]) Der Wille darf nicht gefasst
werden als ein einfaches, leeres Bewegungsvermögen; sondern er
ist inhaltlich, voll, kompliziert gleich dem Gedanken.[2]) Weil er
stets mit dem Geist und dem Körper da ist, so hat er an Ideen,
psychischen und physischen Gefühlen und Vorstellungen einen Inhalt.[3])

Der Wille geht nicht direkt aus dem Körper und seinen
Trieben hervor; er entspringt vielmehr aus dem neuen psychischen
Organismus, der sich durch Bewusstsein und Vorstellungen aus der
leiblichen Organisation herausbildet.[4])

Beim Wünschen bleibt es bei der intellektuellen Thätigkeit,
bei der blossen Vorstellung des Gewünschten, ohne dass ein Ent-
schluss zum Handeln gefasst würde.[5])

Auf das Problem der Willensfreiheit einzugehen, haben wir
an dieser Stelle keine Veranlassung, da dasselbe in die Ethik
gehört. Nur sei kurz bemerkt, dass Fr. im Interesse seiner Lehre
von der Willensfreiheit sich eine grosse Inkonsequenz inbezug auf
seine Seelenvermögentheorie zu schulden kommen lässt. Er behauptet nämlich, dass Wille und Vernunft nicht wesentlich verschieden seien; sie seien zwar nicht identisch, aber doch nicht
getrennt und noch weniger geschieden.[6]) Fällt so der wesentliche
Unterschied, dann können Vernunft und Wille auch nicht mehr
als so scharf getrennte Vermögen geltend gemacht werden.

---

[1]) Ph. 507. — [2]) Ph. 530. — [3]) Ms. 33. — [4]) Ph. 507.

[5]) Ms. — Im Ms. stellt Fr. folgende Entwicklung des Willens auf:
1. Physisch-psychisch gestaltende Bewegungskraft. 2. Triebkraft. 3. Es ver-
einigen sich mit dieser Gefühle, Empfindungen, Vorstellungen; nun Wille.
4. Befolgung von Vorschriften; mehr losgelöst vom Trieb; Anfang der moralischen
Bethätigung. 5. Eigene Erwägungen. 6. Feste Grundsätze. 7. Ideale Vorstellungen und Zwecke. 8. Göttliche Gesetze.

[6]) Ph. 527.

Fr.s Lehre vom Willen ist ziemlich spärlich. Sie bleibt an der Oberfläche haften und bringt luftige Spekulationen, wo es so viele Thatsachen zu berichten gäbe. Über die Ausdrucksbewegungen, über die Reflexe und Reaktionen, über innere und äussere Willenshandlungen, über den Charakter, u. a. m. suchen wir vergebens nach Aufschluss.

5. Unbewusstes und abnormes Geistesleben.

§ 27. Ein transcendentales Subjekt erkennt Fr. mit Recht nicht an. Vollends absurd wäre es, eigentlich zwei Personen im Menschen anzunehmen. Mystik und Occultismus sind, kritisch betrachtet, unhaltbare Meinungen; denn, mit der Erfahrung unvereinbar, lassen sie sich nicht stichhaltig begründen.[1]

§ 28. Im Schlafe geht der Geist vom klaren Bewusstsein zurück in seinen ursprünglichen Mutterschoss, mit a. W. in die als physisch-psychische Organisation real gewordene und waltende objektive Einbildungskraft; dadurch schöpft die Seele neue Kräfte für ihre subjektive Thätigkeit.[2] Diese Definition klingt so mystisch, dass sie höchstens als ein poetisches Bild genommen werden kann; eine Beschreibung und Erklärung bietet sie nicht. Dass Fr. nicht mehr über den Schlaf mitzuteilen weiss, ist leicht begreiflich; denn erst in der Gegenwart wird an einer genaueren Beobachtung der Schlafphänomene gearbeitet.

§ 29. Im Traume werden Gegenstände wahrgenommen und Ereignisse erlebt, obwohl die Sinne nicht funktionieren, die Objekte nicht vorhanden sind und das wache Bewusstsein durch den Schlafzustand aufgehoben ist. Doch stellt sich im Traume eine Art von Bewusstsein und Selbstbewusstsein ein, das gewissermassen nur ein Schatten des wirklichen Bewusstseins ist.[3] Das Traum-Ich ist wohl von derselben Art wie das wache Ich, es verhält

---

[1] S. 194, 195. — Unter dem »transcendentalen Subjekt« versteht hier Fr. so viel wie »Unbewusstes«.

[2] Ph. 402. — [3] S. 207.

sich jedoch zu diesem wie das Mondlicht zur Sonne.[1]) Wahrnehmung und Erfahrung sind im Traume ungeordnet und willkürlich; die Gesetze von Raum, Zeit und Kausalität u. s. w. werden nicht beachtet.[2])

Die Veranlassung von Träumen kann sein: 1. physischer, 2. psychischer Art und 3. eine Mischung von beiden. Man kann demnach die Träume einteilen in folgende Arten: 1. Erinnerungs- und Associationsträume, 2. Leibreiz- und Nervenreizträume und 3. rein psychische Phantasieträume.[3]) Diese Dreiteilung ist nicht zu rechtfertigen; denn die Träume erster und dritter Gattung fallen unstreitig in eine Kategorie; es wird sich demnach eine Zweiteilung empfehlen: Reizträume (durch äussere und innere Reize hervorgerufen) und Associationsträume.

Die Forderung Fr.s, dass besonders die Träume von Kranken sorgfältig und fortgesetzt beobachtet werden sollten,[4]) beginnt sich in der Gegenwart dahin zu erfüllen, dass die moderne Forschung schon mehrere eingehendere Traumbeobachtungen zu verzeichnen hat.[5])

Das Thätige und Gestaltende im Traume ist die subjektive Phantasie. Mit dem Spiele des Kindes lässt sich der Traum in gewisser Hinsicht vergleichen; doch finden sich auch grosse Unterschiede zwischen beiden.[6])

In welcher Zeit des Schlafes die Träume am meisten auftreten, darüber äussert sich Fr. nicht.

Gewöhnlich bleiben die Träume innerlich; aber es finden auch äussere Kundgebungen statt z. B. Bewegungen, Sprechen. Durch den innigen Zusammenhang der Vorstellungs- und Denkfunktionen mit dem Bewegungs- und Sprachorganismus lassen sich diese Begleiterscheinungen leicht erklären. Es finden sich ja ähnliche Zustände auch im Wachsein vor. Eine motorische Begleiterscheinung der Träume ist z. B. das Schlafwandeln.[7])

---

[1]) Ph. 548. — [2]) Ph. 541. — [3]) Ph. 543. — [4]) Ph. 542.
[5]) Siehe die Schriften von Radestock, Spitta, Giessler, Heerwagen, Weygand.
[6]) Ph. 546. — [7]) Ph. 550.

§ 30. Die H y p n o s e kennzeichnet Fr. ganz richtig als einen künstlichen Schlafzustand. Die Suggestion definiert er als die Einwirkung einer fremden Person auf die körperliche Disposition, das Gemüt, den Intellekt und den Willen der hypnotisierten Person, so dass fremde Erkenntnisse und Ansichten in letztere übergehen und fremde Willensakte oder Befehle von ihr unbewusst vollzogen werden müssen.[1]) Die Hypnose hält Fr. von weittragender Bedeutung; er spricht sich jedoch weiterhin ziemlich reserviert aus und betont, dass noch sorgfältige Untersuchungen in dieser Angelegenheit nötig sind.

Man vermisst bei Fr. ein tieferes Eingehen auf das eigentliche Problem der Hypnose, auf die Beschreibung des hypnotischen Zustandes und auf die Theorie.

§ 31. Inbezug auf das H e l l s e h e n drückt sich Fr. sehr vorsichtig aus; erst müssen unumstössliche Thatsachen vorliegen, ehe sich die Wissenschaft ernstlich damit befassen kann. Eine Art Hellsehen (Intuition) wäre dem Genie zuzuschreiben.[2])

Auch dem S p i r i t i s m u s gegenüber ist die Haltung Fr.s eine kritische.[3]) Da dieses Gebiet jedoch kaum noch der wissenschaftlichen Psychologie zuzuzählen ist, so kann es hier füglich übergangen werden.

§ 32. In naher Verwandtschaft mit den Träumen stehen die S e e l e n k r a n k h e i t e n oder Geistesstörungen; nur verbinden sich letztere mit dem wachen Bewusstsein und bethätigen sich im bewussten Vorstellen, Denken und Handeln.[4]) Gleich den Träumen sind die Geisteskrankheiten aus demselben Prinzipe — der Weltphantasie — zu erklären.[5]) Da Fr. den schroffen Dualismus abweist, so sind nach ihm die Seelenkrankheiten weder rein geistig, noch rein körperlich, sondern physisch-psychischer Art.[6])

Bei der I l l u s i o n wird das Objektive umgedeutet; diese Umwandlung der Sinneswahrnehmung kommt aus dem zentralen Teile des Gehirns.[7]) Ist die Einwirkung äusserer Gegenstände auf die Sinne imaginär, so entsteht eine H a l l u c i n a t i o n.[8])

---

[1]) S. 210. — [2]) Ph. 556. — [3]) S. 210. — [4]) Ph. 564. — [5]) Ph. 594. — [6]) Ph. 574. — [7]) Ph. 566. — [8]) Ph. 566.

Die Manie ist eine abnorm erregte Gemütsstimmung, die sich in motorischen Begleiterscheinungen kundgibt. Während die Manie freudigen Charakters ist, herrscht bei der Melancholie eine gedrückte und traurige Stimmung vor.[1]) Beide können ihre Wurzel sowohl im leiblichen als auch im psychischen Organismus haben.

Die Monomanie ist ein partieller Irrsinn; durch sie wird nur ein Teil des theoretischen Bewusstseins und des praktischen Verhaltens affiziert und dem Dienste einer fixen Idee unterworfen. Ihren Ursprung hat die Monomanie gewöhnlich in der Melancholie. Zwei Hauptklassen von Monomanien lassen sich unterscheiden: 1. intellektuelle Monomanien, d. h. solche, bei denen gewisse Vorstellungen (fixe Ideen) zum Handeln führen; 2. Monomanien, denen ein unbestimmter Drang oder Trieb zu grunde liegt, z. B. Kleptomanie.[2])

Der höchste Grad von Geistesstörung tritt auf als Verrücktheit und Blödsinn. Bei diesen löst sich der geistige Organismus gleichsam auf;[3]) die geordnete Verbindung der Vorstellungen und Gedanken zu Begriffen und Urteilen wird unmöglich und die richtige Würdigung der Dinge verschwindet. Die Verrücktheit bringt wohl noch Associationen und Apperception fertig, wenn auch falsche. Im Blödsinn kommen jedoch nur unbedeutende Verbindungen zu stande.[4])

Die ganze Behandlungsweise der Geisteskrankheiten seitens Fr.s zeugt von einem einseitigen Standpunkte; ohne Anatomie und Physiologie des Gehirns kann eine plausible Theorie der psychischen Störungen nicht aufgestellt werden.

---

[1]) Ph. 568. — [2]) Ph. 571.
[3]) Wie steht es dann mit der behaupteten Unsterblichkeit der Seele?
[4]) Ph. 573.

III. Das Verhältnis der Psychologie Frohschammers zu seiner Metaphysik.

§ 33. Es ist kein neuer Versuch gewesen, den Fr. unternahm, als er von einer psychischen Funktion ausgehend in das dunkle Land der Metaphysik vorzudringen suchte. Hegel hatte die Vernunft als das Prinzip des Geschehens angesehen, Schopenhauer den Willen als das Ding an sich betrachtet. Was man bei diesen beiden Philosophen vermisst: eine eingehende Analyse des psychischen Thatbestandes, das findet man auch bei Fr. nicht. Wie jene für die Psychologie fast nichts leisteten[1]), so wird man in gleicher Weise bei Fr. zugestehen müssen, dass sich dessen Psychologie in der Gegenwart sehr antiquiert ausnimmt. An den Errungenschaften der psychologischen Forschung der letzten 30 Jahre gemessen, ist die Ausbeute, die Fr. uns bot, eine geringe. Wir hatten im Laufe unserer Darstellung oft Gelegenheit darauf hinzuweisen, dass Aristoteles und die Scholastik die Führer Fr.s waren, dass er vom hohen Throne des Rationalismus nicht herabsteigen konnte in das ergiebige Arbeitsfeld der Erfahrung, dass er das psychische Leben immer durch die gefärbte Brille der Metaphysik ansah. So stand er dem seelischen Geschehen nicht unparteiisch genug gegenüber Dies hatte zur Folge, dass er einesteils den Thatsachen oft Gewalt anthun musste, um sie in seinem Sinne deuten zu können, während es andernteils ein eingehendes Studium der Psyche unmöglich machte.

§ 34. Doch gehen wir nach diesen allgemeinen Erörterungen etwas spezieller vor.

Mittelst eines Analogieschlusses gelangt Fr. von der subjektiven Phantasie zur objektiven. Er schlägt stracks eine Brücke vom Individuellen zum Allgemeinen, ohne sich der Gefahr eines solchen

---

[1]) Wenn Schopenhauer sagt, dass in seinem Kap. 19 »Vom Primat des Willens im Selbstbewusstsein« (Ausgabe v. Grisebach, 2. Buch, S. 232—286) »für die Kenntnis des inneren Menschen vielleicht mehr abfallen wird, als in systematischen Psychologien zu finden ist«, so ist dies nur unter grossem Vorbehalt zu nehmen.

Thuns klar zu werden. Analogieschlüsse sind und bleiben immer unsichere Schlüsse. Bei Fr. steht die Analogie auf um so schwächeren Füssen, weil die Kenntnis und Klarlegung eines phantasiemässigen Waltens auf der Seite des Allgemeinen und Objektiven nicht deutlich und vielseitig genug ist. Völlig verkehrt erscheint es uns aber, nach dem Analogieschlusse von der subjektiven Phantasie auf die objektive, diese zur Ursache der ersteren zu machen, also das Analogieverhältnis in ein Kausalverhältnis umzugestalten. Bei diesem Kausalverhältnis ergibt sich als eine weitere Schwierigkeit der unsichere Schluss von der Wirkung (subjektive Phantasie) auf die Ursache (objektive Phantasie). So leidet also schon in logischer Hinsicht die Gründung der Fr.schen Metaphysik auf die Psychologie an zwei schweren Mängeln.

In unserer Darstellung der Psychologie Fr.s waren wir mehrmals gezwungen, auf Inkonsequenzen aufmerksam zu machen. Als schwerwiegendste sei noch folgende angereiht. Fr. bemüht sich, den primären und prinzipiellen Charakter der subjektiven Phantasie darzuthun.[1] Im Gegensatze zu diesen Ausführungen ordnet er später die Einbildungskraft (Phantasie) als reproduktives Erkenntnisorgan dem Erkenntnisvermögen unter.[2] Auf diese Weise wandelt sich der primäre Charakter der Phantasie in einen sekundären um; und hiemit ist die Möglichkeit genommen, die Phantasie als Weltprinzip aufzustellen.

Ferner schliessen wir uns den Einwänden P. v. Lind's vollkommen an. Diese drei Einwürfe, »welche sich wie ein steiles Felsengebirg erheben und unüberwindliche Schwierigkeiten entgegenstellen, eine Weltphantasie auch nur als Hypothese gelten zu lassen«, lauten :

1. »Uns Menschen ist als produktive und reproduktive Einbildungskraft nur eine subjektive Phantasie bekannt. 2. Was ist eine unbewusst wirkende Phantasie? Jede Phantasie ist subjektiv und als solche unzertrennlich mit Bewusstsein verbunden. Von einer objektiven und unbewusst wirkenden Phantasie kann die

---

[1] Ph. 158 – 167. — [2] Ph. 475—478.

48

scharfsinnigste menschliche Vorstellung sich keinen Begriff machen.

3. Zwei entgegengesetzte Thätigkeiten, nämlich unbewusst objektive und bewusst subjektive Phantasie, sollen in gemeinsamer Thätigkeit teleologisch-plastisch wirken.« [1])

So sehen wir denn, dass die Metaphysik Fr.'s an seiner Psychologie nicht nur keine Stütze findet, sondern letztere der ersteren sogar entgegenarbeitet. Ob dies Verhältnis ein günstigeres geworden wäre, wenn Fr. die Psychologie zur Grundwissenschaft der Philosophie erhoben hätte, wie es z. B. F. E. Beneke that, wird kaum bejaht werden können. Aber immerhin wäre es besser gewesen, dem Beispiele W. Wundt's zu folgen, der in eingehender Analyse der Thatbestände zu seinem Prinzipe kommt. [2]) Überhaupt muss es als eine allzeit fehlschlagende Arbeit angesehen werden, eine psychische Funktion zum metaphysischen Grundprinzig zu erheben und sie ins Reich des Transcendenten zu verlegen. [3]) Eines-teils ist der Sprung vom Psychologischen zum Metaphysischen durch nichts zu rechtfertigen; andernteils wird der mit einem solchen Verfahren verbundene Gebrauch von »bewusst« und »unbewusst« leicht in ein Spiel mit Worten ausarten, wie wir dies deutlich bei Fr. sahen.

---

[1]) Zeitschrift f. Philos. und philos. Kritik; 110. Bd. pag. 150. [2]) Wundt; System d. Philosophie. II. Aufl. »Von den transcendenten Ideen«; pag. 341 bis 436. [3]) »Viel zu stark empfinden wir die Unzulänglichkeit unserer Vor-stellungsweise für die höchsten Wahrheiten, um unsere Organisation zum Masstabe aller Wahrheit machen zu dürfen.« (Eucken; Grundbegriffe der Gegenwart; II. Aufl. pag. 51).

Inhalts-Verzeichnis.

b) Das Erkenntnisvermögen.

c) Das Willensvermögen.

5. Unbewusstes und abnormes Geistesleben.

III. Das Verhältnis der Psychologie Frohschammers zu seiner Metaphysik.

Curriculum vitae

Ich, Johann Friedrich, bin geboren am 13. März 1870 zu Waigolshausen (Bayern). Nach 7 jährigem Besuche der Volksschule kam ich in die Präparandenschule Arnstein (1883—86), trat dann in das Schullehrerseminar Würzburg ein und absolvierte dasselbe im Jahre 1888. In den folgenden Jahren wurde ich als Hilfslehrer, bezw. Schul-Verweser in Arnstein und Hammelburg verwendet. Im Jahre 1892 beteiligte ich mich an dem grossen Turnkurs an der königl. Zentralturnlehrerbildungsanstalt in München und bestand die sich daran anschliessende Turnlehramtsprüfung. Im gleichen Jahre unterzog ich mich in Würzburg mit Erfolg der staatlichen Anstellungsprüfung. 1893 wurde ich als definitiver Lehrer nach Fürth berufen, 2 Jahre später in gleicher Eigenschaft nach Würzburg versetzt, wo ich noch wirke.

Vom W.-S. 1895/96 an besuchte ich 6 Semester hindurch als Hörer die Universität Würzburg. Ich hörte bei den Herren Dr. Külpe, Dr. Grasberger, Dr. Marbe und Dr. Wolff Vorlesungen über Geschichte der Philosophie, über Psychologie, Ethik, Ästhetik und Geschichte der Pädagogik. Auch frequentierte ich das philosophische Seminar und das psychologische Institut.

Für besondere Förderung in meinen Studien schulde ich grossen Dank Herrn Prof. Dr. Külpe und Herrn Privatdozenten Dr. Marbe.

Bis jetzt erschienen folgende Schriften von mir:

1. Jahn als Erzieher. Sein Leben, seine Lehre und seine pädagogische Bedeutung. 1895.

2. Jakob Frohschammer. Ein Pädagoge unter den modernen Philosophen. Einführung in das philosophisch-pädagogische System Frohschammers. 1896.

3. Untersuchungen über die Einflüsse der Arbeitsdauer und der Arbeitspausen auf die geistige Leistungsfähigkeit der Schulkinder. 1897.

4. Friedrich Eduard Beneke. Ein Gedenkblatt zu seinem 100. Geburtstage. 1898.